優位戦思考に学ぶ

# 大東亜戦争「失敗の本質」

日下公人・上島嘉郎
Kimindo Kusaka　Yoshiro Kamijima

PHP

# まえがき

戦後七十年の安倍晋三首相の談話に対し、新聞各紙は産経を除いて、いっせいに批判を加えた。

朝日社説は「歴史総括として、極めて不十分な内容」で「日本が侵略し、植民地支配をしたという主語はぼかされ」、「多くの国民と国際社会が共有している当たり前の歴史認識を覆す無理が通るはずがない」と首相の〝匍匐《ほふく》前進〟を強く難じた。

毎日社説も朝日と同様、安倍談話は、国策の誤りや「植民地支配と侵略」を明記した戦後五十年の村山談話と対照的だとし、「すでに定着した歴史の解釈に異を唱え、ストーリーを組み替えようとする歴史修正主義からきっぱりと決別することだ」と断じた。

読売社説は、「戦後70年談話　歴史の教訓胸に未来を拓こう」と見出しこそ朝毎二紙と異なる口調だが、「『侵略』の客観的事実を認めることは、自虐史観ではないし、日本を貶《おとし》めることにもならない。むしろ国際社会の信頼を高め、『歴史修正主義』といった一部の疑念を晴らすことにもなろう」と〝金太郎飴〟だった。

これらの社説に共通するのは、戦前日本の歩みと大東亜戦争の評価を「すでに定着した歴史の解釈」に委ね、それに従うことでしか日本は国際社会で生きられないという現状追認だ。産経のみが「謝罪外交の連鎖を断ち切れ」と主張したが、いったい日本人はいつまで「敗者の戦後」を引きずるのだろうか。父祖はなぜ戦わなければならなかったのか。その理由を語ることとさえ、今の日本人は自ら封じている。

「すでに定着した歴史の解釈」とは、勝者がその優位を維持するために構築した歴史の解釈で、その無理は彼らも承知しているから、折あるごとに敗者にその受忍を求める政治的作業を行う。「歴史修正主義」というレッテル貼りがその手段だ——とは考えられない。

大東亜戦争を自らの愚かさや無謀の証《あかし》としか語れないとしたら、日本人はいつまで経っても勝者に隷従する「劣位戦思考」しか持ち得ないことになる。

劣位戦思考に対するのが「優位戦思考」である。大東亜戦争が無謀な戦争だったとしても、戦う決断をした以上、そこに勝機を見出すことは不可能だったのか。視点と発想を変え、劣位戦思考ではなく「優位戦思考」から日本の戦争目的や戦争設計を考えてみると、いったいどんな可能性が浮かび上がってくるか。

たとえば山本五十六が「開戦から一年半は暴れて見せる」と語ったように、開戦時の太平洋における日米海軍の戦力は日本が上だった。国家総力戦の時代では、勝敗は最終的に経済力、産業技術力等の問題に帰着するため、日本側の優位は時間的に限られたものだったとはいえ、「敗北は必然」とは言えない。なぜ、その優位な時間、状況を活かせなかったのか。

こうした問いこそ、未来の日本を切り拓くために不可欠の大東亜戦争の反省であり、教訓を導き出すことではないか。反省とは、その結果、俯《うつむ》き続けることではなく、新たな目的に向かって起《た》ち上がるためになすべきものだ。

日下公人先生に初めてお目にかかって以来、目的に向かって努力する気概や独創的な視点、固定観念に囚《とら》われない跳躍や横っ跳びの発想など、雑誌編集者としてお話をうかがうたびに、実に多くのご教示をいただいた。常に驚きと発見があり、感動があった。

何より、「戦後の日本は誰に寄り添えばいいかという議論ばかりで、日本はどのような国でありたいのかという〝自立〟の議論をしない」とおっしゃるのに深い共感を覚えた。現実をわきまえつつ現実を変えていく、その意志の持続を私は日下先生から学んだ。

その日下先生と、戦後七十年の節目に、大東亜戦争とその時代について語り合えたのは望外の幸せである。対談の進行とその後の作業にあたっては、ＰＨＰ研究所・学芸出版部の白石泰稔編集長に大変お世話になった。本書が日本人の「優位戦思考」への跳躍と実践につながることを祈って――。

平成二十七年十一月

上島嘉郎

優位戦思考に学ぶ

# 大東亜戦争「失敗の本質」

目次

## 第一章　大東亜戦争は「愚かで」「無謀な」戦争だったのか

## 第二章 「戦争目的」「戦争設計」を日本の勝ち戦《いくさ》から学ぶ

# 第三章 日本外交「失敗の本質」

# 第四章　満州事変以後の「イフ」を思考する

第五章　日本は何のために戦い、何を得ようとしたのか



第六章　優位戦思考があれば日本は勝てた

## 第七章 未来は過去からやってくる

装丁：芦澤泰偉
カバー写真提供：Granger／PPS通信社
著者写真撮影：海老名　進（日下公人氏）
shu tokonami（上島嘉郎氏）

# 第一章

# 大東亜戦争は「愚かで」「無謀な」戦争だったのか

## 「識者」とされる人たちの歴史観を斥けた安倍談話

**上島**　戦後七十年の安倍首相談話に関する政府の有識者会議「21世紀構想懇談会」で座長代理を務めた北岡伸一国際大学長は、大東亜戦争に再々言及し、「日本は侵略戦争をした。私は安倍首相に『日本が侵略した』と言ってほしい」と述べたほか、「日本は侵略して、悪い戦争をした」「(中国に) 誠に申し訳ないということは、日本の歴史研究者に聞けば九九%そう言うと思う」とも述べました。北岡氏が大東亜戦争を「悪い戦争」と言うのは、平明な言葉遣いを意識したのでしょうが、正直、「悪い戦争」と一言で括られたのでは、北岡氏には自らの生まれ育った国の歴史に対する一掬《いっきく》の愛惜すらないのかと嘆息せざるを得ません。

しかし、日本のマスメディアで今日「識者」とされる人たちは、おおむね北岡氏の見解に近いようです。たとえば十年ほど前にベストセラーになった半藤一利氏の『昭和史』(平凡社) は、すべては日本政府と日本軍に大きな問題があったのだという基調で語られ、〈いやはや、やっと間に合ったのか、ほんとうにあの時に敗けることができてよかったと心から思わないわけにはいきません。それにしても何とアホな戦争をしたものか。この長い授業の最後には、この一語のみがあるというほかはないのです。ほかの結論はありません〉と締め括られています。結論が「アホな戦争」なのです。

保阪正康氏の『あの戦争は何だったのか』（新潮新書）も同様で、「単純な善悪二元論を排し、『あの戦争』を歴史の中に位置づける唯一無二の試み」と帯に謳《うた》ったその内容は、当時の日本が置かれていた国際情勢の過酷さとそれに向き合う日本の苦悩に対して終始突き放した態度で、父祖の行為は後生として弁護しなければならないとまでは言わないとしても、客観性や公平性に欠けると言わざるを得ません。

保阪氏の認識を端的に言えば、「天皇神権説」に囚われた狂信的な軍人たちが、アメリカという巨大な存在に戦略もなしに無謀な戦争を仕掛け、結果的に数多くの若者が無駄死にし、しかもその間《かん》、一般国民も戦争に熱狂した。大東亜会議も茶番にすぎないから、そこに汲むべき意義はない。

一方で原爆投下や無差別空襲で無辜《むこ》の市民を虐殺したアメリカを非難する視点はありませんし、日ソ中立条約を破って昭和二十年八月十五日以降も日本に侵攻し続けたソ連に対しても、九月二日の東京湾上の戦艦ミズーリ号での降伏文書調印によって「終戦」となったのだからそれほど責められるものではない、というものです。

「あの戦争は何だったのか」という問いかけに、「単純な善悪二元論」をもって、当時の連合国側は「善」、日本は「悪」というのがその結論だと言えます。

これらは戦後六十年における歴史検証の主流として持ち上げられたものですが、戦後七十年においても、国民意識の底流はともかく、多くのメディアの表層を占めたのは、先の大戦の原因と責任を日本に求める視点ばかりでした。当時の米英はじめ諸外国の思惑、敵意や悪意、憎悪や妬《ねた》みといった要素にほとんど目配りのないまま、「愚かな戦争」「無謀な戦争」という結論から、「侵略」「植民地支配」「謝罪」の三つの言葉が七十年談話に必須のような空気がつくられました。

**日下**　それが戦後語られている歴史の定説だということですね。戦後五十年の村山談話、戦後六十年の小泉談話も、それを前提にしていた。今回の安倍総理の談話は、そうした前提とそれを金科玉条のように考える空気に対し、何とか日本の歴史的立場を守ろうと踏みとどまったものです。

少なくとも帝国主義時代にあって日本が行ったことの相対化を図り、日本だけが国際社会において一方的な糾弾の的にされるのはフェアではないという意志を慎重に示したと言える。だから新聞各紙はそれをけしからんと、一斉に非難したわけです。

## 「大空のサムライ」の述懐を汲む学者はいないのか

**上島**　石原慎太郎氏の『歴史の十字路に立って――戦後七十年の回顧』（ＰＨＰ研究所）という本に、石原氏自らの筆でこう記されたエピソードが載っています。

〈平成六年の暮れ近く、私もアソシエイト・メンバーでいる外国人特派員協会の午餐会に珍しい客を迎える案内が来たので出席した。ゲストスピーカーはかつての大戦の撃墜王坂井三郎氏だった。

冒頭、隻眼《せきがん》の氏はこう語った。

「私はご覧の通りあの戦争で片眼を失いましたが、後悔などまったくしていません。ただあの戦争で実に多くの優れた仲間と部下を失ったことは痛恨であります。彼らがもし今日生きてあるならば、数多の才能を発揮して素晴らしい貢献を国家のために為したでしょう。私はそれを信じて疑いません。

彼らには年に必ず二度靖国神社で会って、その度報告をしています。貴様たちの死はけっして無駄ではなかったぞ。あの戦争のお蔭で、世界は明らかに発展して良くなったのだからなと」

その途端聞いていた白人の記者たちの間に得《え》も言われぬ空気が醸し出されるのがわかった。

歴戦の撃墜王はそれを察してニコリと笑い、「だって皆さん、そうじゃないですか。あの戦争が終わってから国連に新しく誕生した国が数多く参加しましたな。今までに確か七十数カ国ありますな。しかしその中に、白人の国を探せば、正確には違うのかも知れないが、強いていえばイスラエルただ一国だけです。あとは皆かつて植民地支配を受けた黄色、褐色、黒色の民族が独立を果たし、一人前の国として認められることになった。これすなわち人類の進歩に他ならない。そしてその事態を招くためにあの戦争は大いに意味があったということは、誰も否定出来ますまいに」と。

会場は寂《せき》として声がなかった。私は痛快のあまり一人拍手したら、目の前にいた白人の若造のどこかの記者が振り返り険しい目で睨みつけてきたので、私は坂井氏に真似てニッコリ笑ってやったものだった。そうしたらその男がしばらくして途中で席を立ち上がり、私の前にいた日本人の客の手になにやら紙切れを渡してそれを私に手渡すように促し、そそくさと部屋から出ていったものだった。

受け取った客は怪訝《けげん》そうにテーブル越しにそれを手渡してくれたが、二つ折りされたそれを開くと中に、

"Ishihara, you are ultra rightist, lunatic!"
と書いてあった。私を極右の狂人だと。
彼らにとって正鵠《せいこく》を射られた腹いせだったろう。あの勝負はどう見ても我が日本チームの勝ちだった。〉
日本の歴史学界には、この大空のサムライの述懐を汲む学者はいないのかと思います。少なくとも命を的に戦った人物の言葉に向き合い、その意味を史実の中に位置づける試みはできないのか。それどころか、石原氏に〝You are ultra rightist, lunatic!〟と書いた紙片を渡した白人記者と同じ立場ではないかと。

**日下** 九九％の歴史学者はそうでしょう（笑）。北岡氏の言う「九九％の歴史学者」は、私に言わせれば、みな「劣位戦思考」の持ち主です。日本は戦争に負けたのだから、歴史認識も戦勝国の押しつけた物語に従わなければならない。そのなかで日本は生存を図っていかなければならないという自己検閲の意識です。

学者は、だいたいイフの話を嫌います。定説にのっとって、それを解説するのが仕事です。

もちろん自然科学の分野では発明、発見に挑んでいる学者がいますが、社会科学にそれは少ない。自然科学では証明を伴った答えが見つかりますが、社会科学はいろいろな要素が絡み合って一つの答えにはまとまらないから、いきおい多数派に与《くみ》することが多い。戦後の日本の歴史問題で言えば、多数派は東京裁判史観を是とする側になる。

私は、よく「拡散思考」の度合いを問題にするのですが、イフの話をたくさん展開できる人は拡散思考に優れているということです。その逆が「絞り込み思考」です。絞り込み思考でイフが少なければ、たしかに間違いも少ない。しかし、これは自らの思考を検閲しているとも言える。そこからは何も新しいものは生まれない。反対に拡散思考でイフにイフを重ねていくと、もしかしたら全部間違うかもしれないけれど、自由な発想、視点のなかで未来の可能性、新しい発見や価値が生まれるかもしれない。

絞り込み思考の学者は、自ら仮説を立てて検証し、それを積極的に世に問うていくというよりは、〝検査官〟のようになっていく。サラリーマン社会を見ても程度の低い管理職ほどチェックばかりしている。マニュアルに当てはめて人を裁いている。学者で言えば、定説に当てはめて、外れている人をはじき出すようなものです。

**上島**　大東亜戦争には、戦ったことを誇りに思える大きな意味があったのではないかという「イフ」はだめなのですね。

**日下**　歴史について「イフを許さない」というのでは、歴史から教訓を導き出すことがあってはならない、と言っているのと同じです。そして、このとき大切なのは拡散思考なのです。「優位戦思考」と言ってもよい。絞り込み思考は劣位戦思考です。

優位戦は、攻めることも守ることも自在、戦いのルールから、勝敗や和平の定義まで決められる立場から仕掛ける戦いで、劣位戦はそれらのイニシアティブがない立場からの戦いです。

「日本は悪かった」「日本は間違っていた」というのは劣位戦思考から出てくる答えで、優位戦思考から歴史のイフを考えると別の答えが出てくる。そして、未来の日本に必要なのは、日本人の可能性を広げる別の答えなのです。

帝国主義時代の常識は、大国は、国際紛争解決のルールをはじめ何事も自分たちが有利になるように決めて構わないということでした。その実力を有する国のみが交渉の場に参加できる。そしてルールを決めた後、弱小国に「このルールに従わないと酷《ひど》いことになるぞ」と脅かす。ここで正義、不正義を論じても、ルールはそれを主導する力のある者が決めるのだという現実の前では空しい。

## 戦勝国のつくった秩序、ルールの中で生存してきた戦後日本

**上島**　大東亜戦争後の国際社会も七十年が過ぎましたが、この基本的なルールに変わり

はありませんね。銃弾、砲弾が飛び交う国家同士の戦闘は少なくなりましたが、「実力が物を言う」という現実は変わっていない。

もっとも、実力よりも、国連安保理の常任理事国メンバー（米英仏露中）を見てもわかるように、先の大戦の勝者か敗者かによって立場が固定され、そこに核兵器保有という彼らの独占的優位が重なっての力関係が続いています。

国連の旧敵国条項も、そのままです。第二次大戦中に国連憲章の署名国の敵だった日本やドイツなどに制限を科した条項で、今でも「第二次大戦の結果としてとる行動」の範囲内であれば、加盟国や地域安全保障機構は安保理の許可がなくても、旧敵国に対して自由な武力行使ができるという内容です。

しかし「第二次大戦の結果としてとる行動」が何かは曖昧で、事実上、彼らの恣意性に委ねられています。国連分担金第二位の日本に対して、こんな差別をしているのが国際社会の現実です。

さすがに削除すべきとの意見もあって、これまで何度か国連で「削除を決意」という採択がなされましたが、採択を批准した国数は効力発生に必要な加盟国の三分の二に足りません。所詮ポーズなのですね。戦後の国際社会を公平に運営するよりも戦勝の果実維持、というのが彼らの本音なのでしょう。

**日下**　戦後の日本は敗戦国として戦勝国のつくった秩序、ルールの中で生存してきました。「従わないと孤立するぞ」と言われると、慌ててそれに対応し、そして必死に追いつき寄り添おうとしてきた。これは典型的な劣位戦思考で、いまも日本人はそこから脱《ぬ》け切れていない。だから多くの政治家、官僚、識者と称される人たちは坂井三郎さんのような発言ができない。気概も誇りもない。

**上島**　劣位戦思考が歴史認識にも染《し》み込んでしまっています。いわゆる従軍慰安婦問題でも、少なくとも韓国が主張するような日本が悪逆非道をなしたという事実のなかったことを認識しながら、「それを主張しても世界に通用しない」と、肝心の事実関係を棚上げしてまで日本非難を繰り返す相手に寄り添おうとする。一方的に和解を乞うて、その都度裏切られてしまっている。こんな惨めなことはないと思うのですが、逆に自分は誠実なのだと酔っているかのようです。

**日下**　日本の外交官、学者、進歩的言論人、政治家には劣位戦思考しかないのかと言いたくなりますね。彼らは、決められた枠の中でベストを尽くす達人、というよりも、それしかない。〝実戦〟経験の乏しい学校秀才が多いからで、与えられた授業内容の枠内で一生懸命勉強して、正解が決まっている試験に合格してきた。歴史認識の問題で言えば東京裁判史観に従うことであり、経済で言えば省エネなどの新国際基準が決まれば、直《ただ》ちにそのルールに適応し、最高点を挙げてみせるということです。

しかし、自分で新しい枠やルールを設定できず、欧米が決めた枠やルールそのものがアンフェアかどうかには思いが及ばない。事実をもって戦うという姿勢もない。さらには、「日本が優れた新基準をつくって、世界に普及させる」という発想ができない。これでは欧米諸国がルールや事実認識を変えるたびに後手に回ることになる。歴史認識問題然《しか》りです。

だからこの対談は、本筋だけでなく横道に入ったり、裏道を回ったり、飛んだり跳《は》ねたりしながら（笑）、定説や既成概念とは異なる意外な発想、視点、日本の可能性と選択肢を探していきましょう。

**上島**　戦勝国から、戦後の被占領時代に繰り返し「日本は愚かな戦争をした、無謀な戦争をした」と刷り込まれ、道徳的にも贖罪感を植えつけられた。そこから大東亜戦争の検証をいくら試みても、劣位戦思考の固定化がなされるだけですね。「敗北」という結果を知ったうえで、〝歴史のカンニングペーパー〟を見ながら父祖の行為を非難することが本当の「教訓」や「反省」につながるはずもない。

**日下**　かりに大東亜戦争が「愚かで」「無謀な」戦争だったとしても、ではなぜ日本人がその戦いに踏み切らざるを得なかったのか、という歴史の蓋然性を考えてみることが少ないのはなぜか。日本の対外戦争は明治開国以後の出来事ですが、それまで鎖国を続けていた日本はなぜそれを解いたのか。あるいは解かざるを得なかったのか。世界史的な視点から日本の近代の歩みを見る必要があります。

そもそも幕末の日本が遭遇した「世界」は、いかなる構造だったのか。時代の価値観はどのようなものだったのか。ここから進めていきましょう。

## ヨーロッパ人の飽くなき征服意欲を支えた意識

**上島**　大東亜戦争を抜き書きして論じるのではなく、今日に至る世界秩序（勢力図）は、どのような経過をたどって形成されたかを踏まえなければなりません。十五世紀の地理上の発見とともに十九世紀に至るまで、ヨーロッパ諸国がアフリカ、アジア、南北アメリカで行った植民地収奪の歴史を大前提にしなければ、日本人、日本という国家の歴史的位置はわからないと思います。

ヨーロッパ人の飽くなき征服意欲を支えたのは、たとえばアメリカ史に出てくる「明白なる天意」という、キリスト教を背景にした意識です。それは、当時のヨーロッパ人がキリスト教徒以外の有色人種を同じ人間とは見なしていなかったという事実につながる。

インディオは人間か否かという議論があり、ローマ教皇パウルス三世が「新大陸のインディオも理性ある人間として扱われるべきである」という回勅を出したのは一五三七年です。ピサロがインカ帝国を征服した四年後ですね。この回勅があっても、中南米では白人キリスト教徒による有色人種への弾圧、収奪は続きました。ヨーロッパ人の何世紀にもわたる蛮行が彼らにとって自然だったのは、聖職者の意識はともかく、一般には宗教的な信条に反しているとは考えられなかったからでしょう。

**日下**　十六世紀のスペインによる南米の植民地政策は〈エンコミエンダ〉と呼ばれました。エンコミエンダとはスペイン語で「信託する」という意味で、新大陸の先住民に関する権利と義務をスペイン国王の主権のもとに特定の植民者に信託することを指し、その権利は先住民に対する徴税権、義務は先住民を保護し、キリスト教（カトリック）に改宗させることです。信託された者は〈エンコメンデロ〉と呼ばれましたが、彼らの正体は海賊や征服者でした。

メキシコのアステカ王国を破壊したコルテスやインカ帝国を滅ぼしたピサロなどが有名ですが、彼らは、インディオを砂金の採取や鉱山の採掘、過酷な荷役などに従事させる〝奴隷〟にし、拷問や火刑をもってキリスト教への改宗を迫った。彼らが悲惨だったのは、キリスト教に改宗しても重税や苦役から逃れることはできず、改宗しなければしないで、殺戮や陵辱の対象となったことです。

スペイン、ポルトガル、ナポリ、ミラノ、ネーデルランド、アメリカ大陸、フィリピンにわたる世界帝国を建設したフェリペ二世（在位一五二七〜九八年）のエル・エスコリアル宮殿にあったのがイエズス会本部で、フランシスコ・ザビエルがそこを発って日本の鹿児島に上陸したのが一五四九年、まさに戦国時代でした。これが日本におけるキリスト教布教の最初とされますが、宣教師はエンコミエンダの〝先兵〟だと見抜いた豊臣秀吉は、一五八七年にバテレン（伴天連）追放令を出し、徳川幕府も一六一二年に禁教令を出して以後、日本は一貫してキリスト教に対して禁制政策をとりました。

どんなに言葉を飾っても、当時のヨーロッパ人の根本にあったのは掠奪《りゃくだつ》精神です。キリスト教はそれとセットだった。

掠奪精神を「人間」の当然の権利に置き換えるために、キリスト教を理解して信者になる者は知性や理性があり、それがない者は「家畜」となるべき存在であって人間ではない――したがって奴隷にしてもよい、蹂躙《じゅうりん》してもよい――という〝常識〟が彼らの精神の根っこにはあった。日本人はお人好《よ》しですから、「お互いに人間だから、話せばわかる」と考えがちですけれど、彼らはこちらを人間だとは思っていなかった。

## 日本が大東亜戦争を戦う蓋然性が生じた瞬間

**上島**　日本はその後、約二百七十年にわたって鎖国政策をとったわけですが、幕末の志士で明治の元勲の一人となった木戸孝允（桂小五郎）は晩年、懐旧の度に「癸丑《きちゅう》以来の仲間」という言葉を使ったそうです。癸丑は黒船来航の嘉永六年（一八五三年）のことです。アメリカ東インド艦隊司令官ペリーが軍艦四隻を率いて浦賀に来航するまで、日本はヨーロッパの世界分割、アジア蚕食の直接的な被害に遭《あ》うことがなかった。その埒外にいたわけですが、それは彼らが武士道の国日本を恐れたのではなく、多分に地理的条件によるもので、「教皇子午線」を知ってみれば、大航海時代から彼らはいずれ日本を掌中にすることを考えていたことがわかります。

一四九三年、スペインとポルトガルの植民地獲得競争を円滑化するために、時のローマ教皇アレクサンデル六世が地球上に引いた分割線は、大西洋のベルデ岬諸島の西を通る子午線から西方をスペイン、東方をポルトガルの勢力圏と決めました。その後、この境界線はスペイン、ポルトガル両国の交渉によってトルデシリャス条約（一四九四年）、サラゴサ条約（一五二九年）と修正が加えられましたが、足利時代の日本人がまったく知らないところで、日本列島は近畿地方以北がスペイン領、以南の中国・四国、九州はポルトガル領にされていたのですね。

**日下**　そうしたヨーロッパ人の征服欲が頂点に達し、世界の分割がほぼ完了したのが十九世紀で、アジアの地図も様変わりした。一七六七年から九九年にかけマイソール王国がイギリス東インド会社と戦って敗れた結果、イギリスは南インドにおける支配権を確立する。

一八一九年に中部インドも呑《の》み込まれ、一八五七年にセポイの反乱が起きると、イギリスは本国軍を投入してこれを鎮圧し、ムガル皇帝を廃しました。東インド会社を解散し、ビクトリア女王がインド皇帝を名乗る直接統治の「インド帝国」をつくることで全インドを支配したわけです。

ビルマも一八二四年から三次にわたってイギリスに侵攻され（ビルマ戦争）、一八八六年に英領インドの一州として植民地にされました。ビルマ国王夫妻は英領スリランカに流され、その地で死亡する。王子は処刑され、王女はなんとイギリス軍の士官の従卒に与えられてしまう。その後、イギリスの勢力はマレーシアとシンガポールにまで及びます。

**上島**　インドシナ半島にはフランスが手をかけていました。一八四七年のダナン砲撃からベトナムへの侵略が始まり、一八八三年に保護国にすると、一八八七年にはラオス、カンボジアを含めたフランス領インドシナ連邦が形成されます。インドネシアも、イギリスを駆逐したオランダ東インド会社が香料貿易を独占し、マタラム王国の内紛に介入するかたちで保護国化、一八一六年にオランダ王室の直接統治とされ、一八三〇年にヨーロッパ向け作物の栽培が強制されます。

日本の隣国の清も一八四〇~四二年の阿片戦争でイギリスに屈服し、十九世紀末までに、英領インド、英領ビルマ、英領マレー、仏領インドシナ、オランダ領スマトラ、オランダ領ボルネオ、オランダ領ジャワ、米領フィリピン、ドイツ領ビスマルク諸島となり、オーストラリアもイギリスが獲得しました。地球上のほとんどすべての地域がヨーロッパ人の支配下に置かれ、アフリカの分割も完了し、南北アメリカから原住民の王国は消滅しました。

大航海時代から十九世紀末に至るまで、ヨーロッパ列強によって営々と続けられた植民地収奪の歴史が人類史においていかなる意味を持つか。アジアに起《た》つのは事実上日本のみという姿が浮かび上がったとき、日本が大東亜戦争を戦う蓋然性が必然性に変わったと思います。

なぜ五百年以上も前の時代が大東亜戦争に関係するのかといえば、歴史の流れに断絶はなく、当然ながら過去の出来事の積み重ねによって現在に至っているからです。

## 一神教の世界では、異教徒はまったく別の存在

**日下**　黒船来航から大東亜戦争まで八十八年。植民地収奪の主役はスペイン、ポルトガルから時を経てイギリス、アメリカに代わっていたわけですが、白人の有色人種に対する姿勢はまったく変わっていなかった。

日本人は江戸の昔から、白人による奴隷制を知り、それを憎み蔑んでいた。いまの日本人が〝名誉白人気分〟で不感症になっているのは恥ずかしい。その後、西欧近代の圧倒的な力を見せつけられた幕末明治期の日本人の苦悩が少しも我が身に連なる歴史としてはわかっていない。

**上島**　スペインの歴史家ディエス・デル・コラールは、近代の科学と技術を生み出したヨーロッパを「魔法使いの弟子」と呼んだそうですが、日下さんのおっしゃるとおり、そうしたヨーロッパ人の〝魔法〟が猖獗《しょうけつ》を極めた時代に、幕末以後の我が父祖は乗り出していった。そしてこのとき、彼らは日本人をけっして対等な存在とは見なしていなかったことを銘記しておかねばなりません。

**日下**　一八五九年、アメリカ政府の司法長官を務めたキャレブ・カッシングがマサチューセッツ州議会で、「われわれは優れた白人種に属し、つまり男性にあっては知性の、女性にあっては美しさの完璧な具現化、それこそ力と特権であり、どこへ行こうと、どこにいようと、キリスト教化し、文明化し、従属を命じ、征服し、君臨する権力と特権を持っている。私は自分の血と人種である白人とは、かりに英国のサクソン人であろうとアイルランド系のケルト人であろうと、同格であると認める。しかし、米国のインディアンやアジアの黄色人種やアフリカの黒人が私と同格であるとは認めない」という演説を行い、終了とともに議場からは割れるような拍手が起こったという話もある。

**上島**　ペリーの来航から六年後ですね。

**日下**　「世界はみんな腹黒い」というのはずっと私の常套句で、いまや心ある日本人にだいぶ普及したようですが（笑）、まだまだ日本人のお人好しは変わっていない。同じ人間がそんなに残虐になれるはずはない、そんなに悪辣《あくらつ》なことを考えるはずはないと思ってしまう。彼我の間で決定的に違うのは、われわれは、肌の色や宗教が違っても人間はみな同じだと考えているのに対し、彼らは、「異教徒は人間ではない」「肌色や目の色の違いは進化の過程が違うことを示している」と考えていることです。

なんと乱暴な話を、と眉をひそめる人もいるでしょうが、一神教の世界では、異教徒はまったく別の存在なのです。死んでから天国で会うことはありませんから、現世ではどんなひどいことをしたっていい。ところが日本は、死んだらみんな神様、仏様で、また会うことになる。この違いは天地の開き以上です。

## 人間相手なら〝洗脳〟でも、猿が相手なら〝救済〟となる

**日下**　個人的な経験を言うと、私の母は神戸生まれのクリスチャンでした。宗派は「聖公会（英国国教会）」（アングリカン・チャーチ）で、ローマ・カトリック教会、プロテスタント諸教会、東方正教会などと並んでキリスト教世界の有力な宗派です。日本には明治維新以前の一八五九年に初伝道、明治十九（一八八七）年には「日本聖公会」が発足した。大雑把に言うと、教義はプロテスタントで儀礼・礼拝はカトリックという独自性があります。

母の信仰の関係もあって、戦前から我が家は外国人との交際があり、相手は主にイギリス人やアメリカ人でしたが、信徒の集会所のようになっていた我が家で、外国人のキリスト教徒に身近に接する機会があった私は、信仰よりも、子供なりにある種の警戒心のほうが先立ったものです。

イギリス聖公会から派遣された牧師が、いったいどのような話をするか。あるいはイギリス聖公会に留学した日本人の若い牧師がどのように感化されて帰ってくるか。帰国した牧師は〝世界政治〟を語るが、それはイギリスから見た世界が元になっていました。

直感として認識したのは、イギリスの政治と英国国教会は一体であるということ、牧師もまたその政治を担っているということでした。この場合の「政治」とは狭義の意味ではなく、人間社会の思想や価値観に関わることで、信仰と政治が一体になっている国というものが存在することを私は実感したわけです。キリスト教を伝道する彼らにとっては意識せざることだったのかもしれませんが、その伝道が彼らの国の政治目的と一体だったことは歴史的にたしかです。

**上島**　豊臣秀吉の直感と同じような思いを、三百数十年後の日本人である日下少年も抱いた……。

**日下**　私は教会には新入りでしたが、日本の大きな教会で、イギリス人牧師の下で働く女性がいました。真面目で、賢くて、信仰心も厚い。聖書もしっかり読んでいた。少年だった私も母に連れられて教会に行っていましたから、いつしかその女性と打ち解けて話すようになりました。

あるとき彼女は、「ビショップ（司教）は、どんなにありがたいお話をしてくださろうとも、内心では日本人のことを猿だと思っている。同じ人間だとは思っていない。猿を人間にしてやる、救済の道を与えてやると考えているのよ」と確信に満ちた表情で私に話しました。牧師の日常の振る舞いを知る女性の観察は、そうだったのです。

人間相手なら〝洗脳〟になることでも、猿が相手ならば〝救済〟となる。他人の家に土足で踏み込むようなことをしても、神の教えを伝える、導く行為なのです。人間と猿というのは、その女性が自らの実感を言葉にしたものですが、要するに人種差別の意識です。

## 福澤諭吉の「脱亜論」に対する司馬遼太郎の無理解

**上島**　大東亜戦争には世界史的意味として、「人種平等を求めた」事実があったはずですが、東京裁判は日本人の前からそれを消し去ってしまいました。そこには裁判を主宰し、日本を「侵略国」として追及した白人たちの後ろめたさがあった。
**日下**　そうですね。ここで明治開国以後の日本人が、いったい何のために苦闘してきたかに戻ると、それは国家としての「独立主権の維持発展」「アジアの安定確保による世界平和への寄与」「人種平等の確立」という三つに要約できると思います。とくにこれは日露戦争以後、強く日本人に意識された。

植民地を求める白人列強によって鎖国を解かれて以後、日本が白人列強と対峙しながら独立を維持しようと苦闘した歩みは、白人近代国家対唯一の有色人種による近代国家という図式にせよ、帝国主義下における先発国と後発国という図式にせよ、常に孤独なものでした。残念ながらアジアだけでなく世界のどこにも、日本とともに起てるような有色人種の国はなかった。

**上島**　明治十八年（一八八五年）に福澤諭吉が「脱亜論」を『時事新報』に書いて、「主義とする所は脱亜の二字に在るのみ」と訴えたところに、アジアにおける日本の孤影を感じます。アジアの安定や人種平等を考えても、それに援《たす》けとなる友朋はいなかった。

福澤の「脱亜論」を「けしからぬ」と言ったのは司馬遼太郎で、司馬さんは『この国のかたち　三』（文春文庫）にこう記しています。

「福沢諭吉には瑕瑾《かきん》がある。人によっては玉に瑕どころじゃない、とみる。

明治十八年（一八八五年）三月、かれが主宰する時事新報に書いた『脱亜論』である。日本はアジアを脱せよ、という。そのころ圧倒的な文明開化の時代だったから、さほどの異論はなかった。（中略）私などのような福沢ファンにとって手痛いのは、論文の末尾に、列強のアジア侵略を是認しているところである。しかも日本もそれに加われという。まことにけしからぬ。……（中略）

かれのいう文明とは、要するに西洋文明のことである。文明なるものは世界史のなかで醸醞《じょううん》されるもので、便利かつ合理的であり、さらには民族を越えて共有されるべきものだと福沢は見ている。くりかえすと、文明は高邁で難解なものではなく、要するにだれでも参加すべきもので、また参加できるものであり、さらにいえば参加を拒めばその国は亡ぶ、というのである。（中略）

まことに『脱亜論』は、前半においては論理整然としている。ただ末尾の十行前後になって物狂いのようになり、投げつけことばになる。

意訳すれば〝もう隣国の開明など待ってはいられません、隣国といって特別会釈する必要はない、以後、悪友はごめんです、西洋人が亜細亜に接するようにしてわれわれもやるだけです〟と、最後のことばはとんでもない。しかも、その後の日本の足どりが右の末尾の文章どおりに進んでしまったことを思うと、『脱亜論』には弁護の言葉をうしなう。（後略）」

**日下**　司馬さんの意訳を福澤諭吉が是とするかどうか。「脱亜論」の本旨は、日本をも含めたアジアにおける儒教体制、それに囚われた政治の専制から脱せよ、ということで、脱しなければ、「数年を出でずして亡国と為り、其国土は世界文明の諸国の分割に帰す可きこと、一点の疑あることなし」という部分でしょう。

**上島**　そう思います。その点は司馬さんも認めていながら、結果的に「けしからぬ」「とんでもない」と憤るのはなぜか。

**日下**　「脱亜論」の末尾は、「今日の謀を爲すに、我國は隣國の開明を待って共に亞細亞を興すの猶豫ある可らず。寧ろ其伍を脱して西洋の文明國と進退を共にし、其支那朝鮮に接するの法も隣國なるが故にとて特別の會釋に及ばず。正に西洋人が之に接するの風に從て處分す可きのみ。惡友を親しむ者は共に惡名を免かる可らず。我れは心に於て亞細亞東方の惡友を謝絶するものなり」というものです。

福澤は、隣国の開明を待つ猶予のない日本の苦悩を背負って、独力で進むべき道筋の決断を促しているわけで、繰り返しますが、開国以後、日本が漕《こ》ぎ出したのは帝国主義の荒海なのです。文明社会とは言いつつ、実際は弱肉強食であり、弱小国は強国に蹂躙されて仕方のない時代だった。それを抑制し、調停する国際機関もない。日本は独立を全うすること、生存してゆくことに全力を傾けねばならない。福澤の考えはその方途としての「脱亜」であり、そこにあったのは支那朝鮮への蔑視ではないし、支那朝鮮を日本が支配すべきだとも言っていない。

## 「迂闊空遠」に対する戒め

**上島**　司馬さんの「冷たい見方」というのは気分でしかなく、「支那朝鮮はいずれ滅びる」と書いても、それは福澤の時勢における隣国の分析であって、軽侮ではないと思います。

「今の日本国人を文明に進《すすむ》るは、この国の独立を保たんがためのみ。故に、国の独立は目的なり、国民の文明はこの目的に達するの術なり。都《すべ》て人間の事物に就いて、その目的と、これに達するの術とを計れば、段々限りあることなし。（中略）

人あるいはいわん、人類の約束はただ自国の独立のみを以て目的と為すべからず、なお別に永遠高尚の極に眼《まなこ》を着すべしと。この言、真に然り。人間智徳の極度に至ては、その期する所、固《もと》より高遠にして、一国独立等の細事に介々たるべからず。僅《わずか》に他国の軽侮を免かるるを見て、直《ただち》にこれを文明と名くべからざるは論を俟《ま》たずといえども、今の世界の有様に於て、国と国との交際には、いまだこの高遠の事を談ずべからず。もしこれを談ずる者あれば、これを迂闊空遠といわざるを得ず」

「脱亜論」の十年前、明治八年（一八七五年）に刊行された『文明論之概略』（第十章　自国の独立を論ず）で福澤はこう論じているのですが、国の独立はその国人自らが為さねばならないという気概の涵養と、今日で言う「東アジア共同体」のような幻想、「迂闊空遠」に対する戒めだと私は思います。司馬さんの「列強のアジア侵略を是認」という福澤批判は、まさに「迂闊空遠」から来るものではないか。福澤は、国際社会の苛酷な現実を視《み》ているにすぎない。

実際には「脱亜論」はさしたる反響を呼ぶこともなく、一般に知られるようになったのは一九六〇年代からのようですが、今日の韓国・北朝鮮および中国との外交を考えるとき、福澤が「脱亜論」や『文明論之概略』で論じたことの意味を嚙み締める必要を強く感じます。

彼我の価値観は大きく異なって近づくことなく、その差異を「一衣帯水」や「同文同種」等の願望を含んだ見方によって交際した結果がどれほど我が国の負担となったか。明治開国から先の大戦まで、なぜ我が国が朝鮮半島、支那大陸に進出せざるを得なかったのか。それはけっして「侵略の野望逞しく」といった体《てい》のものではなく、独立と生存のため地政学的にもやむを得ざるものでした。隣国が開明し、共に手を携え得る状況にあったのなら、司馬さんが福澤の「脱亜論」を「けしからぬ」と言うのはもっともとなりますが、現実はそうはなりませんでした。

## 戦前の日本人は独立の尊さを知っていた

**日下**　戦争や紛争は必ず相手が存在します。なぜ戦争や紛争は起きるのかを考えるなら、相手の事情や思惑はもちろん、当事国以外の国々の事情をも併せて考えないことには、客観的な分析はできない。

**上島**　日本が西欧の帝国主義に遭遇して以後の苦闘の帰結として大東亜戦争は起き、最終的にその戦いに敗れたことで戦後日本の置かれた国際環境は変更不可能となり、戦勝国のつくった秩序、枠組みに従って日本は生きるしかなくなった。そんな劣位戦思考を根深く埋め込まれた日本人は、いつからか自らそれを正当化するために、いくつもの歴史的事実を糊塗し、けっして優位戦思考を持つことがないように改造された精神を自ら固定化するために、戦後の歴史学は機能してきたように見えます。

それはまさに、「降伏後における米国の初期対日占領方針」という文書にある「日本国が再び米国の脅威となり、または世界の平和および安全の脅威とならざることを確実にすること」という「究極の目的（Ultimate Objectives）」の一つに合致するもので、将来ともアメリカの脅威にならないようにしなければならない、二度と刃向かえないように日本国と国民を「改造」しなければならない、というアメリカの意志に、すっかり日本人は馴《じゅん》致《ち》されてしまった。

**日下** 戦前の日本は「悪」で戦後は「善」という認識は、実際のありようとして間違っています。戦前の日本は素晴らしかったと思います。

それから、繰り返し言っておきたいのは、戦前の日本人は独立の尊さを知っていたということです。同時に、独立を失う危険があることも自覚していた。だから必死に努力したのです。

危険が迫れば団結して富国強兵策をとり、破壊を目論む異端分子は排除する。そういう事情の吟味なくして、戦争の反省も戦後の反省もない。日本に降りかかった脅威を故意に見ないのはおかしなことですが、上島さんが指摘されたとおり、それを見せないことで戦後の日本の歴史学は一貫している。

日本人は悪かった、劣っていたという、こうした劣位戦思考から脱け出せないかぎり、「なぜ戦争は起きるのか」という問いかけは常に原因を自分に求めるしかなく、その結果責任も自分に多く課すようになる。相対的なものの見方もできないし、本当に有用な教訓を得ることも、失敗の分析もできない。

そもそも戦争はすべて否定されるべきものなのか、ということも考えられない。モンテスキューが『法の精神』で明言したように、あらゆる国家は「戦争をする権利」を持っていて、したがってすべての戦争は「正義」「不正義」に分類できないとする考え方を自らに適用してみる発想もない。

**上島**　フランスの社会学者ロジェ・カイヨワは、人類史における戦争を四つの種類に分けました。未開人の戦争、古代帝国による征服戦争、中世的な貴族戦争、そしてナポレオン以後の近代殺戮戦争です（『戦争論――われわれの内にひそむ女神ベローナ』）。カイヨワはそれぞれに特徴を挙げて論じているのですが、そのなかで今日に通ずる戦争における「正邪」の観念が出てくるのはナポレオン戦争以後だとしています。

## 戦争の「正邪」については触れていないクラウゼウィッツ

**日下**　戦争論に深入りするとそれだけで大冊になりますから（笑）、手短に述べると、「人間はなぜ戦争をするか」という問題を解くのにいちばん有効かつシンプルな分類は、自らの置かれた現状を維持するか、それとも打破するかという二分法です。これを「善悪」あるいは「正邪」で考えても意味はない。突き詰めれば「生存権」の話になるからで、現状打破勢力が戦争を選択し、現状維持派が平和を第一と考えるのは、まったく当たり前の話になる。
このことは、フランス革命やロシア革命を思い出せば、すぐにわかります。恵まれない人は現状に耐えかねて立ち上がる。恵まれている人は受けて立つから、平和勢力に見える。あるいは被害者に見えるということです。あとで詳しく述べますが、大東亜戦争を決断した日本は「現状打破」の側にいたわけです。しかしそれをあまりハッキリ言わないで「自存自衛」のためとだけ言った。自衛隊の専守防衛と同じです。しかし一度開戦すれば何でもありになることはわかっていました。

**上島**　「人類の歴史は権力の配分の変更の歴史」（入江隆則『敗者の戦後』）という巨視的な見方をすれば、日本の近代の戦争は、「侵略」という一言で括れるものではありません。西欧列強の地球的規模への拡張のなかで、日本がその存在（文化的・政治的独立）を守るために実行せざるを得なかったもので、クラウゼウィッツの言葉を引けば、「他の手段の政治」でした。

**日下**　クラウゼウィッツはナポレオン戦争に従軍したプロイセンの将軍で、『戦争論』を著したことで日本でも広く名が知られていますが、戦争に関して彼が具体的に何を語っているかを知る日本人は少ない。
クラウゼウィッツは戦争と政治の関係を詳細に論じ、攻撃と防御のあり方、戦略と戦術の実際を論じていますが、私が評価するのは戦争の「正邪」については一言も触れていない点です。彼にとって戦争は正しい行為でもなければ不正な行為でもなく、「敵を強制してわれわれの意志を遂行させるために用いられる暴力行為」であって、「他の手段をもってする政治の実行」にすぎなかったからです。

**上島**　たしかにクラウゼウィッツの考え方には、国際紛争を解決する手段としての戦争は、「正邪」という観点から見るべきではないという明確なものがあります。むしろ彼の定義には「正邪」の判断を排除する意志が働いているように思います。

『敗者の戦後』でクラウゼウィッツを論じた入江隆則氏は、彼が戦争から「正邪」の観点を排し得たのは「彼の生きた時代の文明度の故だったかもしれない。戦後処理の問題にも直接関わりのあることだが、戦争には正も不正もなく、ただ単に複数の国家の欲望とそれに基づく政治的意志の衝突があるにすぎないという認識を交戦国の指導者たちが共有していた時代は、戦後処理が概して寛大だった事実は特筆すべきことがらである。オーストリア継承戦争やナポレオン戦争やプロイセン・オーストリア戦争などの一八世紀から一九世紀前半ぐらいまでの戦後処理をその例として挙げることができて、その場合相手に復讐したり、過大な賠償を取ろうとするのが長い眼で見て百害あって一利もないことが当事者同士によく理解されていた」と述べています。

**日下**　それが二十世紀に入ると様変わりしたわけです。政治家も軍人も「正義」を口にするようになり、この傾向は第二次大戦において頂点に達したと言える。

**上島**　入江氏は「ナチス・ドイツはナチズムを、ソ連は共産主義を、米英はデモクラシーと自由主義を、そして日本はアジア人のアジアや八紘一宇を標榜して戦った。つまりどこの国が勝っても勝者の正義によって敗者が裁かれねばならない構造になっていたのであって、この意味でも二〇世紀の戦争は古代ローマの征服を聖化する思想やイスラムのジハド（聖戦）が復活したようなおもむきとなる」（同書）と述べていますが、近代日本が戦った日清戦争と日露戦争については、「後の大正時代の日独戦争（第一次大戦）や昭和時代の日中戦争や太平洋戦争にくらべるときわだって輪郭がはっきりしている」とし、「日清戦争と日露戦争の両方に共通する目的は朝鮮半島の安定だった。言い換えれば日本の脅威となるような事態が朝鮮半島に起るのを防ぐことだった」と述べています。

日本から見れば、当時の清国と朝鮮には欧米列強の圧力を跳ね返す力がないばかりでなく、手をこまぬいていれば自らの安全と独立が脅かされるのは間違いない状況で、したがって朝鮮半島とシナ大陸の問題に踏み込んでいかざるを得なかった。

拓殖大学教授の呉善花氏も「明治初期の日本の征韓論が、朝鮮侵略それ自体が目的ではなく、ロシアの圧力からの自国防衛に加え、真の狙いが中華主義に基づいた華夷秩序の破壊にあったこと。自らは政争を繰り返しながら、内には復古的専制主義を、外には強固な鎖国攘夷主義と中国への忠誠を取り続けた李朝は、日本からすればとても尋常な精神のものとは思えなかったに違いなく、日本はそのように頑迷な隣国朝鮮の存在が国家の防衛上、大きな障害であることを認識したのは当然のことだったと理解できました」(『日本と韓国は和解できない』ＰＨＰ研究所)と述べていて、これは当時の日本と朝鮮の状況を端的に汲んだものと思います。

**日下**　だから日本は韓国を近代化するという難事業に着手した。が、先方はまだ古代に生きていた。中世がない国という分類をつくれば、朝鮮、中国、それからアメリカもそうです。しかし日本は近代を超えて未来に一歩入っています。とても〝国際化〟なんてできません。

# 第二章

# 「戦争目的」「戦争設計」を日本の勝ち戦《いくさ》から学ぶ

## 政治と軍事（戦争）とが絶妙な連携を示した

**日下**　一国の安全と独立を守る行為、自衛行為が、他国に対して侵略的になる可能性があるということは、倫理的な批判はいくらでも可能ですが、論理的には矛盾しない。これが戦後の日本人にはすっかりわからなくなっています。さらに国家としての独立を失うとどうなるかという想像力もない。

日清、日露の両戦争と、韓国併合とその後の統治は、十九世紀的な帝国主義時代における国家の生き残りをかけた決断でした。明治政府はそれを好んだのではない。やむを得ざる政治の手段として選択したのです。しかも併合は、大韓帝国と大日本帝国との間の条約というかたちでなされました。

「戦争目的」と「戦争設計」という視点から日清戦争と日露戦争を戦った日本を見ると、そこには政治的にも軍事的にも限定的でかつ明確な目的があり、政治と軍事（戦争）とが絶妙な連携を示したと言えます。国民が何のために戦っているのかを知り、自国の軍隊が敗れたらどんな事態が起き得るかも自覚していた。もちろん戦争ですから、混乱や見込み違い、錯誤も少なくありませんでしたが、戦争の三要素とされる「国民の敵愾心《てきがいしん》」「政治の指導力」「軍人の勇気と才能」の間に致命的な齟齬《そご》はなかった。

**上島**　ここで日清戦争をざっとおさらいしておくと、当時の朝鮮国内には清国に近い事大党と、近代化の道を歩む日本と結んで清からの独立を図ろうとする独立党とが対立していました。

一八九四年（明治二十七年）に東学党の乱（甲午の乱）が起きると、李朝は鎮圧に清の援軍を求め、日本もまず居留民保護のため出兵し、清国に対し宣戦布告をしました。開戦の詔勅に「朝鮮は帝国が其の始に啓誘して列国の伍伴に就かしめたる独立の一国たり。而して清国は毎に自ら朝鮮を以て属邦と称し、陰に陽に其の内政に干渉」とあるように、朝鮮に対する清国の支配に終止符を打ち、その影響を排して日本の安全と独立に帰することを目的としました。

清国は従来意識のまま「朝鮮は我大清の藩屛たること二百年余、歳に職貢を修めるは中外共に知る所たり」とし、むしろこの関係を近代的な宗主国と植民地の関係に改め、朝鮮の従属化を一層強めようとしてそれを妨害する日本と戦ったわけです。

軍隊の近代化は日本のほうが清国よりずっと進んでいましたが、彼我の「民度」の水準にも大きな差がありました。江戸時代の日本人の諸々の蓄積を考えれば、当時すでに日本は本質的に世界の先進国だったと日下さんが常々おっしゃるように、開国からの急速な発展は別に不思議なことではなかった。

ペリーの黒船（蒸気船）に驚いた日本人は、同時に欧米の背中が見えていた。追いつけると思った。明治四年（一八七一年）の岩倉使節団による『米欧回覧実記』によれば、当時の日本の指導者がその差をおおよそ四十年と見ていたことがわかります。そしてペリー来航から約三年後、日本人は蒸気船を外国人の助けを借りず独力で建造してみせます。島津斉彬の薩摩藩、鍋島直正の佐賀藩、伊達宗城の伊予宇和島藩の三藩で、こんなことができた有色人種の国は日本しかなかった。

**日下**　日本には、それまで大砲と軍艦と蒸気機関と侵略思想はなかったけれど、それ以外のものはみな、すでにあったということです。

**上島**　しかしそうした日本人の近代化の努力は、華夷秩序の世界にいる清国と朝鮮には白人に媚びるようにも見え、軽蔑を招くことにもなりました。欧米の近代科学に遭遇し、日本を守るためには日本的なものを削らざるを得ないという矛盾を抱えた明治日本人の苦悩を彼らは知らず、したがってそこにしかアジアを守る道筋がないことにも思い至らなかった。

## 劣位からスタートして優位に立つために必要なもの

**日下**　では清国に日本を見下すような実力があったのか。たしかに日清戦争時、清国は「定遠」「鎮遠」という七〇〇〇トン超級の戦艦を保有していました。対する日本の最大戦艦「扶桑」は三七〇〇トンの老朽艦だった。そこで朝鮮半島の安定を図るための戦いを決意した日本はフランスから建艦技師を招き、定遠、鎮遠との決戦用に〝三景艦〟と呼ばれた四〇〇〇トン級の「松島」「橋立」「厳島」の三隻を大急ぎで建造します。それでも清国海軍と日本海軍を艦隊の総トン数、装甲能力、砲弾数などで比較すれば、その戦力差は五対一くらいだったでしょう。

にもかかわらず、我が連合艦隊と清国海軍北洋艦隊の間で戦われた黄海海戦の結果は日本の勝利となった。三景艦の主砲は設計ミスもあってあまり役立ちませんでしたが、副砲である速射砲と、イギリス製の新式巡洋艦との連動によって、北洋艦隊よりも高速で艦隊運動をすることができた。

定遠や鎮遠といった巨艦以外の清国軍艦に対して中口径砲を次々に命中させ、撃沈はできなくともその攻撃力のほとんどを奪うことに成功し、孤立した定遠、鎮遠は戦意を失って威海衛軍港に退き、そこを夜襲した水雷艇部隊の魚雷によって止《とど》めをさされた。北洋艦隊を率いた丁汝昌は日本軍に降伏を申し出ると毒杯をあおいで自決、日清戦争の帰趨はここに決したわけですが、なぜ日本は勝てたのか。

戦術的な話や兵器の話は措《お》いて、本質的なことを言えば、たしかに清国は日本に何倍もする軍艦と大砲を持っていたが、彼らは西欧からそれを購入したのみで、新たに造ることも、使いこなすことも、修理することもできなかった。実際に戦闘時、清国の軍艦を操船していたのはイギリス人でボイラーを炊いて機関を動かしていたのはアメリカ人でモールス信号を打っていたのはドイツ人だったという。日本も開国当初は諸事〝お雇い外国人〟に頼りましたが、徐々に日本人自らが何でもできるようになった。日本人は、劣位からスタートして優位に立つために必要なものは何かがわかっていた。清国とは、「戦う気概」と「民度」において大きな差があったのです。

**上島**　「戦争目的」と「戦争設計」においても政治に冷静さがありました。日清戦争の代表的な陸戦は平壌の会戦ですが、日本軍は一万二〇〇〇人の兵力をもって四方向から平壌に立て籠っていた清国軍を包囲攻撃し、敗走させました。ここで伊藤博文は深追いをせず、首都北京を攻撃せず、北京への関門である山海関を越えないまま清国との講和を図ろうとしました。すでに戦略目標は達成したと判断したからです。

**日下**　日本が独立を全うしようとすれば朝鮮半島の安定は不可欠の条件で、北京と朝鮮半島を押さえる要衝の遼東半島を確保できれば、日本としてはその後の日韓併合などを考えなくて済んだかもしれない。その意味では「制限戦争」に徹した伊藤博文は決定的な勝利を逃がしたとも考えられますが、時の外務大臣陸奥宗光が『蹇蹇録《けんけんろく》』に書いているように、当時のヨーロッパ列強の嫉妬や思惑を考慮に入れるなら、「勝ちすぎない」ことも大事だった。

陸奥は、平壌の陸戦と黄海海戦の勝利に興奮せず、世界の予想に反して勝利した日本への諸国の反応に注意しました。

「戦争の結果が内外社会万般の事項に波及する度の広大なるは、啻《ただ》に万骨枯るの惨状に止まらず。もしそれこれを誤用すれば、勝者がかえって敗者よりも危険の位置に陥るの恐れあり。（略）傍観者たる世界列国にありては疑惑の間に彷徨したるもの、まことにそのゆえなしとせず。しかるにひとたびこの海陸大捷の世界の新聞に伝播するや、欧米各国の視聴、思想とみに一変し、かつてわが国の挙動に対し多少の非難を抱きたる国人もにわかに過大の讃賞を吝《おし》まざるに至り、また日清の交戦の初めにあたり冷眼をもつてこれを児戯視したる邦国も、にわかに驚愕を極め、ようやく戦捷者に対し嫉妬の念を起こすに至れり」

陸奥は『蹇蹇録』にこう書いて、その嫉妬の例としてフランスとロシアを挙げている。

「このころ仏国人の感情を写した一新聞にいう。『花木ある家の門前は人集まりて市をなす。今や日本はその清国に向かいて得たる戦勝に比すれば、さらに欧州に対しいっそう偉大なる勝利をえたりというべし。今後日本は不羈独立してそのなさんと欲することを専行し得べし。また日本人は勝手に敵国の土地を略取し、またこれを蚕食するを得べし。これを約言すれば、日本人は他の勢力ありと自覚する国民と同一の行為をとるを得べし。日本人の行為に対してはもちろん、たといその空望にかゝるものに対しても欧州諸強国は毫もこれに干渉するの途なかるべし』といい、口を極めて過賞する邦国ある間において、露国政府はようやくその艦隊を蘇士（スエズ）運河により極東に方面に回航せしむるため日夜多忙を極め居たり。真にこれは禍福倚伏《かふくいふく》、塞翁が馬も啻ならずというべし」

この一新聞の記事は、いまや東洋で日本だけは「不羈独立」の国で、「欧州諸強国は毫もこれに干渉するの途なかるべし」と、日本がその実力を持った国として世界に登場したことを示している。

## 「勝者がかえって敗者よりも危険の位置に陥るの恐れあり」

**上島**　日本は日清戦争の勝利によって帝国主義「諸強国」の仲間に入ったということで

すね。彼らはそれを認めつつ、同時に日本を警戒している。陸奥はこうしたヨーロッパの認識を受け止めて日本の方途を見定めようとした。「勝者がかえって敗者よりも危険の位置に陥るの恐れあり」というのが、その意識のあらわれです。

実際、ロシアは軍艦を続々と東洋に回航し、その海軍力をこれ見よがしに日本と支那の沿海に進出させました。一方国内では、清国に対する勝利の歓喜と興奮から、山東、江蘇、福建、広東各省の割譲要求や、欧州各国の清国との条約を上回る利権を確保せよといった大衆の声が上がっていました。日露戦争におけるポーツマス条約の内容に憤激した大衆の日比谷焼き打ち事件のような騒擾《そうじょう》は発生しませんでしたが、ここに日本の近代以降の戦争を考えるうえで見逃してはならない問題が孕《はら》んでいます。

江戸時代の豊饒《ほうじょう》さは、同時に大衆社会が形成される過程でもありました。それが明治開国以後の自由民権運動などと相俟《あいま》って、日本は大衆の意向から離れての舵取りは難しい国になっていた。日清戦争においてすら、すでに貴族戦争、武士の戦争という時代は遠くなっていて、日本もまたナポレオン戦争後のヨーロッパのように大衆戦争と大衆政治の時代に入っていたことは認識しておく必要があります。新聞が政治性を帯び、戦地に従軍記者を派遣して各紙競うように報道し、部数を著しく伸ばすのも、この時代からです。

ただ大衆社会は、明治以後は「国民国家」の形成と重なり合って、それまで国家や戦争がもっぱら王族、貴族のものだったのが、庶民もそれに参画する時代がやってきたということで、大衆を否定的な意味だけで捉えるのは片手落ちになります。

**日下** 大衆、庶民は国家の原動力で、伊藤や陸奥だけでなく、明治政府と軍の幹部もそのあたりの民情をおおむね理解していたと思います。彼らも前時代の下士の出身でした。伊藤宛てに私信として清国への過大な割譲要求を戒めた谷干城らがそうですが、彼らは大衆の興奮を抑え、欧州各国の思惑も思慮に入れたうえで、清に朝鮮の独立を認めさせ、二億テール（当時の貨幣価値で約三億円）の賠償金、遼東半島と台湾の割譲などで講和を結んだ。下関条約は妥当なものだったと言えるでしょう。

**上島** 三国干渉については、国民感情として「悔しい」「無念だ」というのはそのとおりだと思いますが、ロシア、ドイツ、フランスの三カ国を一度に相手にできるほどの実力は日本になかった。

陸奥の『蹇蹇録』によれば、三国が遼東半島の清国への返還を迫ったときには、列国会議を招集して協議するという案もあったものの、結果的に会議を開いた場合、「列国おのおの自己に適切なる利害を主張すべきは必至の勢いにして、会議の問題はたして遼東半島の一事に限り得べきや、或はその議論枝葉より枝葉を傍生し各国互いに種々の注文も持ち出し、ついに下関条約の全体を破壊するに至るの恐れなき能わず」と想定し、明治二十八年（一八九六年）四月、伊藤、陸奥らは、すでに交渉の終わった下関条約と三国干渉を切り離して、遼東半島を清国に返還することを決めました。

露独仏三カ国が日本に突きつけたのは、「金州半島（遼東半島）を日本が永久所有することは支那の都を危うくし朝鮮の独立を有名無実となす故此条件を撤回することを勧告す」というもので、ロシアに至っては、「将来永く極東永久の平和に対し障害を与うるものと認む」とまでいう。三カ国はそれぞれ衣の下の利害と鎧を隠して、今日的な表現を用いるなら「アジアの平和と公益のため」日本はこの条件を飲めと圧力をかけてきたわけです。

**日下**　まさに「勝者がかえって敗者よりも危険の位置に陥るの恐れあり」という状況が、下関条約を締結し、やれやれと思ったら降りかかってきた。三国干渉を主導したのは、もともと極東進出のために不凍港が必要だったロシアで、南満州の海での出口を確保するためにも遼東半島を日本に押さえられることは認められなかった。

また、極東への野心を抱いていたドイツは自国の拠点を得る機会が到来したと考え、フランスは露独に歩調を合わせることは両国との緊張緩和につながると考え、一八九一〜九四年の露仏同盟を尊重するかたちでロシアに協力した。ロシアはこのときイギリスにも共同行動を持ちかけましたが、イギリスは国内世論を理由に、それには乗らなかった。日本に好意的だったアメリカは局外中立の立場を崩しませんでした。

日本はどこかと同盟しようにも協力関係を築こうにも、有色人種として利害が一致し、共に戦える存在はまだ世界になかった。弱肉強食の世界に独り起つ日本の姿は、今日の日本人からは想像もつかないでしょう。

**上島**　日本国民の多くが三国干渉に反発しました。「臥薪嘗胆《がしんしょうたん》」の言葉が国民の間に流行し、とくにロシアへの反感が強くなったのは、むべなるかなという気がします。

かりに三国干渉がなくて日本が遼東半島を領有していれば、どうなったか。南下政策をやめないロシアとの衝突は避けられなかったでしょうが、ロシアが旅順に大要塞を築いて東洋艦隊の根拠地にすることはできなかったわけで、そうなると日露戦争の様相も、近代のアジアの歴史の展開も相当に異なったものになったはずです。

## 「白人絶対」の時代を終わらせたのは日本単独の力

**日下**　日露戦争は、世界の近代史における巨大な分水嶺と言ってよい。日露戦争以前と以後の日本は、同じ国とは思えないほど変わりましたが、日本ばかりでなくアジアと世界にも不可逆的な変化をもたらしました。

やや余談に流れますが、平成十二年（二〇〇〇年）八月に「私が選んだ20世紀の十大ニュース」という企画が産経新聞で連載されました。ワイツゼッカー（元ドイツ連邦大統領）、ウォルター・クロンカイト（米ジャーナリスト）、アンジェイ・ワイダ（ポーランド映画監督）、アレクサンドル・ヤコブレフ（元ゴルバチョフソ連大統領顧問）、我が国からは緒方貞子（元国連難民高等弁務官）といった〝世界の有識者〟一二人が、二十世紀の十大ニュースを選び、その理由を語るという企画でした。

**上島**　当時、産経新聞社の社員でしたから、よく覚えています（笑）。

**日下**　そうでした（笑）。その一二人が選んだ十大ニュースはライト兄弟による人類初の動力飛行の成功とか、第一次世界大戦（あるいは第二次世界大戦を加えて「二つの大戦」）とか、ロシア革命、原爆開発とその市民への投下、アポロ宇宙船による月面着陸とかいったもので、日露戦争の日本の勝利に象徴される白人の世界支配の終焉を挙げた人は誰もいませんでした。

**上島**　識者の人選によりますが、私も日露戦争を誰一人として選んでいないことに違和感を覚えました。ただ日露二国間の戦争としか見ていないのか、と。

**日下**　辛うじてインドネシアの前外相（当時）アリ・アラタス氏が、「東南アジアの植民地支配されていた人々にとって、日本軍は西洋の植民地秩序を破壊し、独立への転換点になったという意味で、紛れもなく重要な役割を果たしている」と述べただけでした。
産経新聞社が〝世界の有識者〟をどのような基準で選んだのかは知りませんが（笑）、私は、これは大東亜戦争後の日本人が依然としてどんな思考のもとにあるのかが透けて見える回答ではあるなと思いました。つまり企画自体が「世界は日本をどう見ているか」「どう見られたいか」という敗戦症候群の一つの表れ、劣位戦思考しかない戦後日本人の心理の裏返しを映し出している、と。
**上島**　いまの日本人自身、明治開国以後、大東亜戦争に至るまでの父祖の戦いの意味がまるでわかっていないように思います。入江隆則氏が、「信じ難いがその事実に気づくのがいちばん遅かったのが日本自身だったように見える。日本は茫然自失のあまり自分自身のやってのけた大仕事の意味がすぐにはわからず、その行為が世界を根本的に変えたのに気づかなかった」（『敗者の戦後』）と述べたように、日露戦争については当時の日本人ですら、自分たちの成したことの意味、世界のパラダイムを変えたという事実になかなか気づかなかった節《ふし》があります。
**日下**　繰り返しますが、日本が明治開国以後、国際社会において主張し続けたのは「人種平等」です。しかも白人に対して、けっして諦めなかった。いまや世界は人種平等を肯定し、当たり前のようにそれを追求するようになっていますが、その口火を切り、大きな炎としたのは日本であることを私たちは忘れてはならない。そして、ここで十分自覚してほしいのは、「白人絶対」の時代を終わらせたのは日本単独の力だということです。

私は、人種平等の実現が二十世紀最大の事件であると思っています。なぜかと言えば、パソコンや原爆といった科学技術の成果はいずれ誰かがつくり出します。しかし白人絶対時代は、有色人種の誰かが立ち上がって、〝実力〟で打ち破らないかぎり終わらない。白人のほうから譲歩することはあり得なかったからです。

事実として、日本が日露戦争でロシアを打ち破るまで、近代自然科学と近代工業の発展は、白い肌に生まれた人間でなければ成し得ないというのが白人たちの常識であり、社会進化論が学問として確立したこともあって、人類のなかで最も進化した優秀な人種が白人であるという思い込みに彼らはまったく疑念を抱かなかった。

**上島**　日露戦争前、ロシアが日本をいかに侮っていたかにも、そうした意識が端的に表れています。

武断派のヴォルガック少将が、ロシアが満州に居座り続ければ外国との衝突があり得ると言われて、「外国とは何れの国のことなるや、ナニ日本のことなるや」と哄笑、嘲笑したという話はその典型で、ニコライ二世も「予が戦争を欲しないかぎり戦争はない」と断言していました。そもそも日本人を一国の国民とは見なしておらず、油断といえば油断ですが、はなから相手にしていなかった、いずれ容易に蹂躙できる相手と見下していたのですね。

ロシアに限らず、「金州半島を日本が永久所有することは支那の都を危うくし朝鮮の独立を有名無実となす故」と言って、日本の遼東半島領有を阻んだ独仏も、日本が引き退がるとたちまち本性を剝き出しにして、ドイツは膠州湾と青島を租借し、ロシアは日本が放棄したばかりの遼東半島の旅順を租借して、フランスはベトナムから海南島と雲南、広西、広東の南部三省に触手を伸ばしました。

そうなると列強は競うように、イギリスも負けてなるかと香港、威海衛に加えて揚子江流域を租借する。租借といっても実質的には強奪です。アメリカも一八九八年に米西戦争に勝ってフィリピンとグアム島を獲得し、クーデターによってカメハメハ王朝のハワイを倒してこれを併合した直後で、清国に対しても一九〇三年に奉天と安東を外国人居留地として開放する旨の条約を結んで本格的に支那大陸の侵蝕に参加した。

## 自国の安全と独立のための明確な目的

**日下**　しかし日本が日露戦争に勝ってからは、こうした彼らの動きは鈍くなった。いかなる国も〝極東の憲兵〟日本の実力を無視できなくなったからです。

ここで日露双方の戦争目的を整理しておくと、ロシアにとっては極東への領土の拡張という漠然たる目的があっただけで、それまでの帝国主義的拡張の延長でしかないという惰性的な雰囲気がロシア宮廷にはありました。

したがって日本に勝つために情報収集をしたり、何か積極的に動いたりということもなかった。明確で限定的な目的のないロシア軍は、日本の抵抗が弱ければいくらでも侵蝕し、抵抗が強ければ停止するといった程度で、戦争設計があったとは言えない。必ず日本を屈服させ、自国領にしてやろうという強固な意志も薄かった。

対する日本には、自国の安全と独立のためにロシア軍の影響を満州から排除して朝鮮半島の安定を保つという明確な目的がありました。

日露戦争の「宣戦詔書」には何と書かれているか。明治天皇は、「朕茲に露国に対して戦を宣す」とし、宣戦を決意するに至った経緯と目的を、こう日本国民に伝えました。

噛《か》み砕いて要約すると、日本は、文明を平和的な手段で発展させ、諸外国との友好関係を促進することによって、アジアの安定を永遠に維持し、各国の権利や利益が損なわれないようにしながら、自国の将来の安全が保障されるように心掛けてきた。

だが、不幸なことに、ロシアは、清国と締結した条約や諸外国に向けて度々行ってきた宣言に違反し、いまだに満州を占拠しているばかりか権益をますます強固にし、最終的には領有しようとしている。ロシアは表面的には平和を唱えながらも、問題を先延ばしにし、陰では陸海軍を増強して我が国を屈服させようとしている。

そもそもロシアには日本との友好を求める誠意はなく、日本の提案に応じる気もない。日本の安全保障に直接関わる韓国は深刻な危機にさらされ、日本は国益を脅かされようとしている。

日本は平和的な交渉によって将来の安全保障を得ようとしてきたが、ここに至っては軍事によってこれを確保するしかない。

「朕は、汝ら国民が忠実にして勇敢であることを頼みとして、速やかに永久的な平和を回復し、日本帝国の栄光を確たるものとすることを期待する」というものです。

**上島**　明治天皇は、「今不幸にして露国と釁端《きんたん》を開くに至る豈朕か志ならむや」と受け身の姿勢を示されましたが、戦争目的ははっきりしていて、政府と軍の姿勢はロシアと比べればはるかに能動的だったと思います。このとき目的がはっきりしていることが重要で、明治三十七年（一九〇四年）二月四日の御前会議に出席した政府首脳が開戦以前に終戦の時期と方法を議論できたのは、そのためでした。そして、これが陸海軍の戦略上の強い連携と緊密な連絡につながり、その後の戦いに奇跡的な勝利をもたらすことになったと思います。

日本が朝鮮半島の仁川に陸軍を上陸させたのは明治三十七年二月八日ですが、その決断は、ロシアが満州と朝鮮の経営に向けて軍備を増強し、東洋艦隊の拡張を図っていたこと。またシベリア鉄道の完成を急いでいる事態から、それを看過して将来の戦争となったのでは到底勝てないという情勢判断からでした。

**日下**　日清戦争と三国干渉から十年後、「臥薪嘗胆」の歳月を送った日本の陸海軍は、国民の支えもあって最も充実、精強な状態にありました。決戦するなら今こそで、戦いを先延ばしにするほど不利になるという見通しは、昭和十六年（一九四一年）七月に日本軍が南部仏印へ進駐した直後の八月一日に、アメリカが日本に石油の全面禁輸を通告してきたときの日本側の判断と同様でした。

**上島**　ジリ貧になってからでは遅い、と。

たしかに当時、永野修身軍令部総長は「国交調整不可能なりとし、従つて油の供給源を失ふこととなれば、此儘にては二年の貯蔵量を有するのみ。戦争となれば一年半にて消費し尽すこととなるを以て、寧ろ此際打つて出るの外なしとの考へなり」（『木戸幸一日記』）と昭和天皇に奏上しました。いま開戦しなければ日本は戦わずして軍事行動の能力を失い、相手国の圧力に座したまま屈することになるという判断は、日下さんのおっしゃるとおり日露戦争と同様でしたが、日露戦争はなぜ勝利し、大東亜戦争は敗北したのか。

戦備や物量、経済力といった数値化、可視化できる指標からはどちらも日本にとって「無謀な戦争」だったはずですが、この違いはどんな要素を考慮に入れて検証すれば見えてくるのか。どんな視点を持てば日本人が戦った二つの大戦争の教訓が得られるのか。

## 日露戦争の帰趨を決定づけた日本海海戦の勝利

**日下** 明治開国以後、欧米列強のルールである帝国主義の世界にあって、日本は常に劣位戦を強いられてきました。日露戦争も日本にとっては劣位戦からのスタートでしたが、ロシアよりも戦争目的がはっきりしりしていたこと、それなりの戦争設計があったことで勝利を得ることができた。
日本が使える武器は何なのか。それは直接的な軍事力に限らない。今日的な観点から言えば、輸入力や対外債権も債務も使い方次第で、立派な「武器」となります。当然、それは強力な外交カードともなるわけで、まずはそれらの武器ないしカードを列挙してみる。そのうえで、第一段階はここまで、第二段階はここまで、第三段階はここまで、と階段状に書き上げてみる。

日露戦争では、児玉源太郎が先を読んで整備した海底ケーブルの通信網が大きな効力を発揮しました。バルチック艦隊が喜望峰やインド洋を回ってくる情報はロシアに露見することなく、逐一イギリスのインド・アフリカ回線を通じて日本に送信され、対馬周辺には、バルチック艦隊哨戒のために多数の望楼がつくられましたが、これを結ぶ海底ケーブルが縦横無尽に張り巡らされていました。さらに一分間で二十数文字と限られた情報量でしたが、朝鮮半島に停泊中の連合艦隊旗艦「三笠」と東京の大本営との間では電信による通信も可能でした。

日本海海戦の勝利には、当時の海軍の人材登用、艦隊編制とその運用、三六式無線電信機、下瀬火薬と呼ばれたピクリン酸単体を使った火薬の威力、伊集院信管の高感度、宮原式汽罐《きかん》、兵員の驚異的な識字率の高さなど、複合的な要因がありますが、「臥薪嘗胆」の十年の間の準備、戦争設計に日本のほうが一日の長があった。

そして重要なことは、それらの武器を使って、日本国がいかなる国益を追求するのかということです。戦争という選択肢を視野に入れるなら、その場合の戦争目的は何なのか、「勝利」の定義をしておかなければならない。

まずは白紙で考えて、武器やカードを列挙する。次に、使う順番を決める。最終的に達成すべきゴールを明確にする。それが、戦争を設計するということです。選択肢は多いほうがよい。手にしている手段からゴールを考えたり、ゴールから考えて手段を整備したりということは、実は人間が誰しも日常生活でやっていることです。

**上島**　目的や勝利の定義いかんによっては、実際に砲火を交える必要がない場合も出てくる。塚原卜伝の無手勝流のように。

**日下**　そうですね。あれはいちばんの上策だ（笑）。

**上島**　実際の日露戦争で、劣位戦からスタートした日本は武器やカードをいかに使ったか。あるいは使えなかったか。

日下さんが先に列挙されたことは全体として日本に優位をもたらしたと思いますが、結果的に勝利したことで、たとえば東郷元帥のT字戦法の実際はどうだったのかなどについては、事実ではなく伝説が独り歩きして、当然ながら日露戦争にもあった失敗の分析や教訓がなおざりにされた感が拭えません。

**日下**　ざっと経過をたどると、日露戦争の帰趨《きすう》を決定づけたのは、日本海海戦における日本の勝利でした。日本海海戦は明治三十八年（一九〇五年）年五月二十七、八の両日、我が海軍の連合艦隊とロシア海軍のバルチック艦隊との間で戦われた海戦で、司令長官東郷平八郎の指揮下、バルチック艦隊を撃滅する一方、我が連合艦隊の損失は軽微という海戦史上まれな一方的勝利となった。

陸戦では、日本海海戦の前、二月下旬から三月十日にかけて日本陸軍は奉天でロシア陸軍に一大決戦を挑みました。参加兵力は日本側二五万人、ロシア側三二万人で、双方合わせて六〇万人近くの世界史上でもまれな大規模会戦でした。指揮官は日本陸軍大山巌（実質的には参謀長の児玉源太郎）、ロシア陸軍アレクセイ・クロパトキンでした。

奉天会戦は、日露戦争において双方の兵力が衝突した最大・最後の陸上戦でしたが、兵力に勝るロシア相手の総力戦で満足な予備兵力のない日本軍は苦戦を強《し》いられました。児玉源太郎は、作戦全体の方針転換を決め、全戦線での総力戦から第四軍と第二軍に奉天への前進を命じました。これによって乃木希典の第三軍に退路を遮断されることを恐れたクロパトキンは、三月九日、部隊の奉天から鉄嶺・哈爾浜《ハルビン》方面への暫時退却を命じます。奉天のロシア兵力は余裕のある状態だと見ていた満州軍総司令部にとっては予想外でしたが、ここまでの戦いで大きな損害を受けていたにもかかわらず日本軍は翌十日、無人になった奉天に突入し、さらに第四軍は死力を尽くしてロシア軍を追撃し、二個師団に打撃を与えた。

日本側の死傷者は七万に及びましたが、ロシア軍の死傷者は九万と日本を上回り、兵力回復は秋頃までかかる状況となったことで、クロパトキンは鉄嶺からさらに北へ退きましたが、日本軍の追撃の足は速く、哈爾浜に逃れたのちクロパトキンは罷免され、ロシア陸軍の劣勢ははっきりしました。

**上島**　しかし、日本軍も物資と兵員の補充がなく、補給線も伸び切っていましたから、そこが攻勢終末点でした。ロシア軍にとっては、奉天失陥は戦略的撤退とも言えたので、この時点で日本軍はロシアの敗北を決定づけたとは言い難かった。

**日下**　戦略的撤退はナポレオン戦争でもロシア軍がとった戦法で、欧米の観戦者たちも当初はこの撤退を「戦略的撤退」と報じました。しかも日本軍とロシア軍とではその後の補給能力に格段の差がありましたから、世界は日本陸軍の完勝とは見なしていなかった。

実際、クロパトキンの後任となったリネウィッチは軍の立て直しを図り、日本軍への反撃態勢を整えようとしました。ここで日本にとって幸運だったのは、白人優越主義の欧米にとって、黄色人種相手に戦略的とはいえ「撤退」したことは衝撃的で、クロパトキンの罷免もロシア敗北の印象を強く世界に与えたことです。

事実としては、奉天会戦終了時のロシア陸軍にはまだ日本軍に一〇倍する二〇〇万人の兵力が残されており、その員数を見れば継戦能力は十分だったわけですが、奉天会戦でロシア軍の将兵の士気喪失は甚だしく、鉄嶺までの退却の間、軍隊秩序は崩壊し、掠奪や上官への背命などが続いたことを考えると、二〇〇万の戦力は割り引いてよかったし、ロシア国内での明石元二郎による後方撹乱の成果（帝政を脅かす革命分子の活動）や、動揺に付け込もうとする欧州諸国への備えが必要だったことから、ロシア軍は日本への反転攻勢に動くことができなかった。

## 「日本がロシアと戦う決意」がトルコを動かした

**上島**　その後、日本海海戦で我が連合艦隊がバルチック艦隊に完勝したことでロシアも日本に対する敗北を認めざるを得なくなったわけですが、私が注目したのは伊藤博文の日露戦争に対する決意でした。

伊藤が開戦に最も慎重だったこと、日英同盟にもなかなか賛成せず、〝恐露病〟と罵られたことは夙《つと》に知られていますが、明治三十七年（一九〇四年）二月四日の御前会議でようやく開戦の決意を固めてもなお、伊藤は戦勝を信じておらず、翌五日セオドア・ルーズベルトに会うためアメリカに向かう金子堅太郎にこう語ったといいます。

「……今度の戦争は、陸海軍ともに成功の見込みはない。日本は国を賭して戦うわけで、勝敗は眼中にない。（略）

勝算なくも博文は、ここに決心して一身を捧げ、聖恩に報ずる覚悟である。往昔元寇の大軍がわが国に襲来したとき北条時頼は、負けいくさの際自ら戦場に立ち、そして妻は兵士の看護、食糧等に意を用いたという逸話がある。博文の生命、財産を陛下に捧げるときが到来したのだ。露軍が大挙九州海岸に来襲するならば、自ら卒伍に列し、武器をとって奮斗するだろう。（略）

今度の戦に勝利を得んとするのは無理である。国家のために己れの生命を賭ける決心が肝要だ。成功しようと考えるのでは駄目だ。渡来せよ！　私と同様国家のために生命を賭せよ。尽せるだけやれ」（谷寿夫『機密日露戦史』原書房）

日本はここまで悲壮な覚悟をもってロシアとの戦いに臨んだ。といって「精神一到何事か成らざらん」だけではなかった。伊藤は「勝算もなく博文は、ここに決心して一身を捧げ」と言うのですが、実際には「日本軍は開戦に先立って、中国人に変装した諜報部員と多数の中国人スパイを使い、鴨緑江流域と満州のロシア軍の動静をさぐっていた。遼陽の兵站集積所のありかや旅順港に停泊する軍艦の種類と数、ロシア兵の数と兵種、軍帽の色、行李の内容に到るまで調べ上げ、ヨーロッパからシベリアに移動する兵力や資材の増強具合もロシア陸軍省の内部にまで入り込んだ情報網から東京に報告されていた」（『敗者の戦後』）ほか、日英同盟を最大限に生かしてロシアの動きを掣肘《せいちゅう》することに努めました。

それから、外交的に日本がどんな働きかけをしたかは不分明ですが、オスマントルコが日本に協力してくれたことも大きい。トルコはエカテリーナ二世時代から一九回もロシアと戦って、負けるたびにウラルを奪われ、黒海沿岸を失い、カフカスを取られてきた。

日本とトルコとの間にはそれまでに少なからぬ因縁があり、明治二十三年（一八九〇年）、トルコ王族の一人、オスマン・パシャ殿下が日本表敬の帰途、乗艦エルトゥールル号が紀伊半島沖で台風のため沈没した際、オスマン殿下ら五八七人は遭難死したものの、乗組員六九人は日本の漁民らに救助され、この事件を機に両国の友好、交流が深められていた。仇敵ロシアに戦いを挑んだ日本は見知らぬ他国ではなかったわけです。

トルコは当時、黒海と地中海を結ぶボスポラス、ダーダネルスの二つの海峡を押さえていて、この海峡が国際協定で軍艦の通行を禁止していたのを理由にロシアの黒海艦隊を通行止めにし、日本に協力した。日本が敢然とロシアと戦うことを決意したことがトルコを動かした、と言えるのではないでしょうか。

**日下**　今日においても、国際関係には、国家が決意を持って宣言したり、意志表示をしたりするだけでも一定の効果があるという側面があります。それをすることで相手が怯《ひる》むとか、たじろぐとか、あるいは協力者が現れるとかいったことも、その効果の一つです。これも外交のうちで、広い意味では戦争の一つだと言えますが、百十年前の日本のロシアへの挑戦は、トルコという今日の関係につながる協力者を得た。日本がロシアに平身低頭して「奴隷の平和」を乞《こ》うていたら、こうした敬意と友誼《ゆうぎ》は得られなかったでしょう。

**上島**　清国や韓国の一部には、日本と同盟してロシアと戦うという考えもあったようです。事実、日本が負ければ清国は存在できなくなるのではないかと考えた山東省総督（当時）袁世凱が陰に陽に日本軍に協力したり、韓国の一進会（一九〇四年から一九一〇年まで大韓帝国で活動した当時最大の政治結社）がソウルから新義州までの鉄道敷設で日本軍に協力し、日韓攻守同盟の強化によるロシア排撃を主張したりといったことはあったのですが、このとき韓国政府は日本の鉄道建設に協力しなかったばかりか、陰で妨害工作をしていました。

ドイツのウィルヘルム皇帝が「黄禍論《おうかろん》」を唱え始めていた時期でもあり、日本が清国、朝鮮などと同盟してロシアに立ち向かうとなれば、かつての三国干渉のようにヨーロッパ列強が手を組んでそれまで以上にアジアに侵蝕してくるかもしれず、そうなると戦線は日本の手に余って無限に拡大し、日本は弱者同盟のなかで敗北して独立を失いかねない。そんな事態を招かぬようにするためには、日本としてはあくまでもロシアと日本の二国間戦争に限定しなければならなかった。

それが日本の戦争設計でしたし、何より華夷秩序にとどまっている清国、朝鮮とはそうした攻守同盟が成り立つ下地がなかった。どちらの政府も本音は侮日親露でした。

**日下**　日本は自国の安全と独立のために戦っている。同時にそれはロシアの圧迫を受けている国の恩恵となるはずの戦いでもあったけれど、それを理解しない国が清国、韓国で、理解しても、日本と力を合わせて西欧のアジア侵出に対抗しようと決断して国を改革し、富国強兵、殖産振興に舵を切って日本についてこられる国はアジアになかった。

だから日本は独力でやらざるを得なかった。清国や韓国が近代国家として西欧に対峙していたら、その後の日韓併合や大陸進出という選択はしなくて済んだ可能性が高い。

## 明治の日本人は「国防」を崇高な任務と受け止めていた

**上島**　とにかく日露戦争は朝野を挙げて戦い、薄氷を履《ふ》むものだったとはいえ日本は勝利を得ました。

ここで私は、戦争目的、戦争設計といった視点以外に、先に触れた大衆批判に関連して、当時の日本の庶民の気概や責任感について考えてみたいと思います。

開戦初期の旅順港閉塞作戦について、参謀の秋山真之は当初、「流血の最も少ない作戦こそ最良の作戦」として作戦の実施には消極的でした。出動部隊が「決死」ではなく、「必死」となることを見通したからで、「命は鴻毛より軽し」といっても、それは今日的な意味での人命軽視とは違っていたと考えます。

しかし、秋山の友人でもあった広瀬武夫は、「断じて行えば鬼神も之を避く。骨がらみになっても押して押しまくってゆく以外に成功は開けない」と主張します。人命の価値と作戦の価値がここに対峙《たいじ》したわけですが、結果的に東郷平八郎が決断して閉塞作戦は実施されることになりました。

港口閉塞に必要な下士官以下の人員六七名を艦隊から募ると、約二〇〇〇人が応募し、なかには血書して志願する者、艦隊幹部に直訴する者もいました。これにはさすがの広瀬も驚き、「この戦は勝つ」と秋山に語ったという。

そのとき広瀬が語ったのは、「自分たち士官は年少の頃から軍人を志し、そのための教育と礼遇を受け、戦いで死ぬことがあっても本望だが、閉塞作戦に志願した兵はそもそも軍人ではなく、徴兵されたシビリアン（一般市民）なのだ。初めから軍人たるべき道を歩んできたのではない彼らが志願したということは、ロシアとの戦争が日本の興廃を決する国民戦争であることを彼らが自覚している証で、彼らの熱意と誠意はきっとこの戦いを勝利に導く」というものでした。

決死隊の選抜基準は、二〇〇〇人の中から最も肉親の係累の少ない者とされ、広瀬自らが率いましたが、港口閉塞はついに成功しませんでした。作戦としては目標を達し得なかったのですが、広瀬が語ったシビリアンの熱意と誠意は、その後の海陸の戦いにおいて可視化、数値化できない力となって発揮された。

明治の日本人（シビリアン）は「国防」を崇高な任務と受け止めていました。国家という意識に目覚めてまだ若く、明治の日本はまさに青春期の献身の時代だったと言えます。この意気は、ただ大衆的な興奮と熱気ということではない。

『大衆の反逆』を著したスペインの哲学者オルテガは、「大衆」とは階級的概念でなくて人間の区分である、と述べています。人間には二種類あって「自分に多くを要求し、進んで自分の上に困難と義務を背負い込もうとする人間」と「自分になんら特別の要求をしない」平均的な人間で、これを「大衆」的人間であるとしている。その本質は自ら属する共同体への責任や義務を自覚しない「慢心した坊ちゃん」のようなもので、十九世紀から二十世紀にかけての時代の特徴は、オルテガによればこうした「大衆」的人間の「凡庸な精神が、自己の凡庸であることを承知のうえで、大胆にも凡庸なるものの権利を確認し、これをあらゆる場所に押しつけようとする点である」としました。

戦場からはるか後方の内地で、脚色、粉飾された新聞の戦勝記事に喝采を上げながら、一方で過酷な現実に向き合って「必死」作戦に殉じていく者がいる。この反する光景がたぶん戦争が人間にもたらす矛盾や理不尽の様相の一つなのでしょうが、大衆時代の政治と軍事の難しさを、日本は日露戦争までは何とか乗り切った。

**日下**　貧しくて人口過剰な時代の軍隊には、国民を養って教育を施すという役目がありました。農村では長男が家を継ぎ、次男から下は軍隊に行くというのは普通だった。戦争になれば死と隣り合わせですが、戦争がなければ、また戦勝が続けば、軍隊はそんなに悪いところではなかった。むしろちゃんと食べて、しかも教育を受け、武器の取り扱いと共同生活を学べるところだった。

これは日本に限らない、近代の国民国家が歩んだ道です。時代背景として、これを知っておく必要があります。後進国は軍事国家になり、それから独立国になります。

## 仏教哲学や儒学を取り入れた実践哲学を磨いた歴史

**上島**　昨今の集団的自衛権をめぐる議論で、「徴兵制」は憲法十八条が禁じた「意に反する苦役」にあたると政府は述べましたが、これはまさに今日的価値観でしかない。国防の任務に就くことを求められるのは「苦役」なのか。そしてそれを拒否することは国民の権利なのか。国防の任務は苦役ではなく、むしろ崇高な行為なのではないか。なぜ、こうした議論が起きないのか。今日的人権観に照らせばそんなことは当然ではないかと言われそうですが、本当にそれを当然としていいのか。

**日下**　そうですね。軍隊は「飯が食える」「読み書きを覚えられる」「機械に触れる」場だったとしても、同時に一朝事あらば命を懸けて戦う覚悟が求められた。日清戦争や日露戦争に従軍した若者たちの多くが、そのことを悟っていたと私は思います。それが日本の庶民の強さだった。そして彼らは、世の中に対する畏《おそ》れを持っていた。これは本質的に出自に関係ない。貴族であっても、世の中に対する畏れの感覚が欠如した大衆的な人間はごろごろいました。

日本の庶民の文化を考えると、仏教哲学や儒学などを取り入れた実践哲学が磨き上げられた歴史があります。たとえば江戸中期の思想家で石門心学の祖、石田梅岩はその一人ですが、梅岩は商家に奉公しながらその業に励むとともに、儒学を独学し、神道、仏教、老荘なども学んだ。

四十五歳のとき自宅に講席を開き、「人の人たる道」を追求した。弟子の身分を問うことなく、平易な言葉で講義を続け、たくさんの門弟を世に送り出しました。日本全国に同じ教えを説く塾が一〇〇カ所くらいあったらしい。これは一種の社会教化運動と言え、その根本は、社会的職分を遂行するうえでは商人も、農民も、武士も同じなのであり、その分限を尽くすことが尊いのである、ということでした。

**上島**　「すばらしい道具、ありがたい薬、快適な権利などにとりまかれてはいても、それらの薬や道具を発明するむずかしさや、今後ともそれらの生産を保証するむずかしさには無関心である。また国家という組織が不安定だということに気づかず自分の行いは取り消しがきかないのだというまじめさが欠けている」とオルテガが述べた大衆には、そうした社会的職分をまっとうする意識は薄い。

**日下**　日本では、庶民の持つ向上心や勤勉性などが自然に国民道徳というべきものをつくりあげていたのですね。江戸末期の篤農家、二宮尊徳もそうです。

石門心学を寺子屋で習った人たちが幕末や明治初期にはたくさんいて、教育勅語ができたときも、当時の国民の知的水準はそれを天皇による強制とは受け止めなかった。なぜなら教育勅語に書かれていることは、石田梅岩の教えが八割くらい基になっているからで、「父母ニ孝ニ兄弟ニ友ニ夫婦相和シ朋友相信ジ……」というのは、日本人の徳目として当たり前のことだったからです。こうした知的、文化的な蓄積を認識していないと、開国以後の日本がなぜ短時日に日清、日露という二つの対外戦争を乗り切れたのか、なかなかわからない。しかも解答はたくさんあります。

## 日本海海戦の勝利後に何が可能だったか

**上島**　アメリカ大統領セオドア・ルーズベルトの仲介によって、日本全権小村寿太郎とロシア全権ウィッテとの間でポーツマス条約が結ばれたのは明治三十八年（一九〇五年）九月でした。おおむね国際社会は日露戦争の勝者は日本だと見なしましたが、ロシアが余力を残して講和会議に臨んだことはたしかで、ニコライ二世が「まだ、我が帝国は日本に寸土も奪われていない。何年でも戦える」と言ったのも根拠のないことではありませんでした。

**日下**　講和会議は米東海岸のポーツマスで行われたことになっているけれど、実際にはポーツマスの海軍基地に近いオイスターベイの別荘でした。小村とウィッテの間で調印された条約内容は、結果的に「賠償金はおろか、一寸たりとも領土は割譲しない」と主張するロシア側に沿ったもので、日本に樺太（サハリン）の南半分の割譲と南満州鉄道、関東州の租借権、韓国に対する権利が認められましたが、肝心の賠償金は取れなかった。日本は辛うじて勝者としての体面を保ちはしましたが、苦しい生活に耐えて増税を受け容《い》れ、戦争遂行に協力した国民はこれに不満を抱き、日比谷焼き打ち事件など条約反対運動が起こりました。

　日本は、日本海海戦に完勝したけれども、陸戦においては継戦能力のないことをロシアに見透かされ、より大きな勝利の果実を得ることができなかった。日本はすでに一八〇万の将兵を動員し、死傷者の総数は約二〇万、戦費も約二〇億円に達していました。満州軍総参謀長の児玉源太郎も陸戦続行は不可能と考えていた。

ここで戦争目的は何だったのかを考えると、ロシアの南下を押しとどめ、朝鮮半島を日本の影響下に置くということであれば、それはひとまず成功した。それがどれだけ長期間保たれるかはともかく、勝利の定義からすれば失敗した戦争ではなかった。

**上島**　日本国内は無傷でしたから、日本にまったく継戦能力がなかったというわけでもない。

**日下**　ここで軍事的にはどんなことが可能だったかを考えてみましょう。『優位戦思考で世界に勝つ』（PHP研究所）にも書いたことですが、奉天会戦でロシア軍を退却させ、その後日本海海戦ではバルチック艦隊を撃滅した、その優位な立場を講和条約で活かせなかった状況を打開する方法はなかったのか、改めて私なりに示すとこうなります。

これは、読者には拡散思考、優位戦思考の頭の体操だと思ってもらってかまいません。

その頃すでに戦争は戦費調達とリンクしていました。貧しい日本は海外における国債の発行とその相場を見ながら戦っていた。外国の観戦記者を同道して最初の陸戦である南山の戦いでは、損害を恐れず猛攻を続けて勝った。乃木大将の漢詩「十里風腥《なまぐさ》し新戦場、金州城外斜陽に立つ」は、意訳すれば「ああこれでやっとカネが借りられる」でした。パりにおける国債の相場は日本、ロシアも勝敗によって一上一下していました。日露戦争は資金調達戦争だったという視点は大事です。当時の軍人がそれをわかっていたことは大変なことです。いまの評論家にはそれが欠けています。

まず日本海海戦で、ロシア海軍を壊滅に追い込んだ連合艦隊を担保にして新たな戦費の調達を図るのです。ロシアは、バルチック艦隊が壊滅したことで日本海における日本陸軍の補給路を断つことはできませんから、連合艦隊が次の海戦に備える必要はない。ロシアに決定的な敗北を認めさせるのに必要なのは海軍力ではなく、もう一度陸軍力だということになる。

ここで、ほぼ無傷の連合艦隊の艦艇を担保にして戦費のさらなる調達を図る。日本も日露戦争開戦直前に装甲巡洋艦「日進」をアルゼンチン海軍から買い取ったように戦艦は売買でき、日本に敵対する可能性のない国を選んで持ちかけることは可能でした。

そして、調達した資金をもってチェコスロバキアなどからホチキス機関銃を大量に購入し、戦力回復を急ぐ。日露戦争時の日本軍は、実は敢闘精神だけでなく、奉天会戦などでは日本軍のほうがロシア軍よりも多くの機関銃を使っていました（大江志乃夫『日露戦争と日本軍隊』）。それをさらに充実させる。兵士の補充はすぐにはできませんが、機関銃は資金さえあれば調達可能だった。相手は騎馬軍団ですから、ここで確保される戦力差は大きい。

さらに大車輪かキャタピラ付きの蒸気戦車（装甲車）をつくって投入する。ロシア軍の砲兵は騎馬により移動していましたから、移動中の馬を攻撃すれば装甲は薄くても構わないのです。戦法はヒット・アンド・アウェイで、弾薬や食糧を積んでの迅速な移動だから、運転操作も極力簡単にする。機関銃を装備した蒸気戦車隊を大量につくることは、一年前に構想があれば半年でできるでしょう。奉天会戦は一九〇五年（明治三十八年）三月一日〜十日ですから、ポーツマスでの外交交渉は秋になって地面が凍るまでの時間稼ぎです。のちの機甲部隊のような運用が可能だったはずです。

**上島**　蒸気機関車の応用型ということですね。

**日下**　ええ。軌道なしの軽蒸気機関車と考えれば、技術的には十分つくれました。ロシアとの再戦を最短で同年の冬と想定し、それに備えて北海道の旭川師団あたりで何度もテストをし、試作と演習を繰り返して間に合わせる。日本海海戦勝利の日からそう決めて取りかかれば、再度の陸戦まで半年は間があるわけで、まったく荒唐無稽と切って捨てる案ではないと思います。

蒸気戦車という新型兵器を日本は保有し、再戦に備えていると思わせるだけでもよかった。日本は継戦能力がないと決めつけているロシアに、そうではないかもしれないと躊《ちゅう》躊《ちょ》躇させるだけでも条約交渉に影響を与えることができたでしょう。

**上島**　可能か不可能かの見極めは重要ですが、初めから不可能と決めつけては何もできない。戦うための選択肢も広がらない。

**日下**　キャタピラ付きの蒸気戦車を五〇〇両もつくれば、それを満州に移送する日本の艦船はあり、それを阻止するロシア海軍はないのですから、ロシア陸軍が三〇万の兵力を整える間にこちらのほうが優位を占める布陣が可能です。もし日露戦争で日本が陸海軍ともに完勝していたら、その後の世界はどうなっていたか。

繰り返しますが、優位戦思考とは、自分がどのようなカードを持っているか、あるいは持ち得るか、相手との比較のうえで何ができるかを考えることです。自分の長所短所をわきまえることは前提ですが、その後は、相手よりいかに柔軟な思考、発想ができるか、そしてそれを実行に移すかという〝勝負の世界〟です。戦費と人員が足りないのなら、それをいかに補うか。日本海海戦の勝利後に、日本はもう力を使い果たしたと考えるのではなく、さらに何が可能だったかを考えることが優位戦思考です。

## 児玉源太郎に感じる「覚悟」「先見の明」「柔軟性」

**日下**　付け加えておくと、満州は石炭の産地ですから、蒸気戦車の運用を円滑にするために貯炭場を各地につくっておく。ロシア軍は馬糧の輸送ですから手間がかかります。馬の世話も大変（笑）。

三〇〇馬力の蒸気戦車と馬三〇〇頭は同じではありません。機械は夜、睡眠をとる必要がありませんから、三倍働く。これは作戦速度の差になります。三〇〇馬力×五〇〇両は一五万馬力ですが、仕事量はその三倍で、馬の四五万頭に相当する。これはロシア軍の増強兵力に匹敵する。

さらに一般には言われないことですが、ロシアも日本も借金を重ねて戦っていましたから、敗戦の評判が立つと新発行の国債が売れなくなった。既発債も価格が下がった。当時の日本は、それをよく心得て戦争をしていました。

開戦劈頭《へきとう》の南山の戦いで勝つことに全力を傾注したのは、ロンドンとパリの国債相場を維持するためで、外国人の観戦記者をたくさん招待したのも「日本強し！」という発信をしてもらいたかった。こうした「借金力」まで考えると、それは国際金融市場の評判が決めることで、現在の日米中の国力比較でも「借金力」が登場しないのは不完全ですね。

**上島**　こういうことは帳簿や仕様書の細部が気になって仕方ない人には発想できない。「借金力」なんて正規の経済学用語にはないぞ、となる（笑）。非常時には何でもありという発想が大切なのだ、と頭を切り替えることができるかどうか。

**日下**　学校秀才の発想では跳躍も横っ跳びもできないのです。とくに劣位戦思考、絞り込み思考では覚悟と度胸に欠け、データ重視の前例踏襲というような狭いアイデアしか出てこない。

日清、日露戦争の頃の戦争指揮官は度胸と直感力に優れていました。その典型が、旅順攻略戦で二〇三高地を陥落させた児玉源太郎です。

私は、児玉に学校秀才のエリートにはない覚悟と先見の明と柔軟性を感じます。とくに彼が日本独自の通信用海底ケーブル網を敷いたことは、日露戦争全体に関わる優位を日本にもたらしました。

日本海海戦の勝利には、当時の海軍の人材登用、艦隊編制とその運用、三六式無線電信機、下瀬火薬と称したピクリン酸単体による火薬の威力、伊集院信管の高感度、宮原式汽罐、兵員の驚異的な識字率の高さなど複合的な要因がありますが、海底ケーブル敷設船を保有して日本本土と朝鮮半島、大陸間に複数の海底ケーブルを敷設すること。敷設に必要なケーブルを密かに購入し、秘匿すること（これは立派な汚職でした）。九州―台湾間を日本独自の海底ケーブルで接続し、台湾を経由してイギリスのインド・アフリカ回線と結ぶことを方針とし、日清戦争後の十年間にやり遂げた児玉は見事と言うほかない。

児玉は、旧幕時代の嘉永五年（一八五二年）、長州徳山藩の中級武士の家に長男として生まれました。父の死後、義兄の家で養育されましたが、義兄が佐幕派に殺害されて以後は困窮のうちに過ごし、十六歳で初陣、函館戦争に従軍後、陸軍に入隊します。その後、児玉は〝叩き上げ〟の軍人として頭角を現していきました。

明治の日本軍の参謀教育のために教官として招かれた、ドイツ陸軍参謀将校のクレメンス・ウィルヘルム・ヤコブ・メッケルは、日露開戦の報を聞いて、「日本に児玉将軍がいるかぎり心配は要らない。児玉は必ずロシアを破り、勝利を勝ち取るであろう」と述べたという。

これほど高く評価された児玉ですが、けっしてエリートではなかった。恐らく昭和の陸軍に児玉がいたとしても、その履歴と昭和の陸軍の官僚体質（エリート秀才偏重）から師団長にすら任用されなかったと思われます。

明治国家が日清、日露の両戦争に勝利し、欧米列強に伍する地位に日本を押し上げることができたのは、児玉のような人材を活かしきったことが要因の一つです。幕末維新の頃の白刃の下の覚悟、気概、機転の有無を活かそうとする組織の柔軟性です。これは創業期の会社が活力に富んでいる理由にもつながる。

そして次に出てくるのが、国家であれ、企業であれ、ある規模と水準に達した組織は以後どうあるべきかという問題が出てきます。劣位戦を勝ち抜いて優位戦が可能になったときにどうするべきかという問題で、いかに優位戦に切り替えるかは、まさに大東亜戦争時の日本政府と軍隊が問われたことです。

いまも同じです。輸出競争に勝った国はその利益をどう運用するか、という金融戦争に直面します。前川レポートのとき「日本人は働きすぎ」とか「富士山八合目、ミルク一杯」とか「休日倍増」とかが騒がれましたが、あれは日本人の貯蓄を英米が預かって運用しようという金融戦争へ突入する第一歩でした。

# 第三章

# 日本外交「失敗の本質」

## 「車の両輪、鳥の両翼あるがごとく」でなくなった政治と軍事

**上島**　日露戦争の前と後で大きく変わったのが日米関係ですが、戦勝直後から日本国内では政治と軍事の分裂という事態が起きていました。クラウゼヴィッツの説いた政治と軍事の関係から陸奥宗光の『蹇蹇録』の内容に着目したのは入江隆則氏ですが、そこにこんな一文があります。

「宸断《しんだん》ひとたび下りたるうえは当局者はよろしくこれを奉行するの責に任ずべく、また帷幕の臣僚は毫も異議を挟むべからざることとなり。何となれば、閣臣といいまた帷幕の臣といい均しくみな陛下に左右して互いに文武両班の上位を辱《かたじけの》うするものにして、あたかも車の両輪、鳥の両翼あるがごとくなれば、おのおの相駢行《へんこう》、均動して（略）いやしくも廟謨《びょうぼ》を画策するところの閣幕両臣の意志一に帰するにおいては、たとい世上にいかなる物議ありともあえて顧慮するに足らざるなり」

これは当時の指導者が、政治家も陸海軍の軍人も、それぞれが足らざるを補って、天皇のもとに政治と軍事が「車の両輪、鳥の両翼あるがごとく」連携すべきこと、それに尽くすべきことをわきまえ、戒めていた証左の一つではないかと思います。少なくとも陸奥は

政治と軍事の関係を正しく理解していた。

それが十年後の日露戦争直後には別の様相を見せ始めます。『外務省の百年』（外務省百年史編纂委員会編）によれば、明治三十九年（一九〇六年）四月、駐日英国大使のマクドナルドから、当時、韓国統監だった伊藤博文に宛てて書簡が送られています。それには、「満州における日本の軍部は、軍事的動作によって外国貿易に拘束を加え、露国占領当時よりも一層厳しく満州の門戸を閉鎖している。しかもこの閉鎖主義は専ら欧米人に対して行われ、日本人に対しては到る所開放主義を採っている。（略）若しこの儘で進むならば日本はやがて与国の同情を失うにいたるであろう。日本の政治家がかかる明白な利害関係の見えない筈はない」とありました。

ここで「与国」とあるのは日露戦争で日本を援《たす》けたイギリスとアメリカのことで、日本は戦争中にたびたび「東洋に於ける各国の既得権及びその利益と相容れざる企図を有せず、またこれを阻碍し若しくはこれに干渉する意思をも有せざること、およそ現下の争端に関係ある問題以外に於いては、日本は現状維持を以て満足する」と宣言していましたから、「軍事的動作によって外国貿易に拘束」することは、たしかにこうした約条に反することになります。

マクドナルドの書簡が届いたのと同時に、枢密院議長の山縣有朋からも手紙が届いて、満州における陸軍の行動には「外国側の疑惑を招く虞《おそれ》」があると記されていました。このとき、満州における陸軍の行動を是としていたのが児玉源太郎です。

政府は満州問題に関して翌五月に緊急会議を開きました。席上、伊藤博文は、「陸軍の軍政署が講和後も戦時のような感覚で民政に口出しするのは違反であって、列国の物議を醸し、清国側官民の不満は憂慮せざるを得ず、日本国家の信用に関わるから早急に改善せよ」と迫り、対する児玉源太郎は、「南満州は将来我が国と種々なる関係を生ずるから、取り扱い手続きを各省個別にするのではなく、満州に於ける主権を誰か一人の手に委ね、一カ所に集めて一切を指導する官衛を新組織してはどうか」というもので、「誰か一人」というのは陸軍のことです。

伊藤はこれに対し、「児玉は満州における日本の地位を根本的に誤解している」と述べ、「満州は決して我国の属地ではない。純然たる清国領土の一部である。属地でもない場所に、我が主権の行はるる道理はないし、随つて拓殖務省のやうなものを新設して事務を取り扱はしむる必要も無い。満州行政の責任は宜しく之を清国に負担せしめねばならぬ」（『外務省の百年』）と難詰します。このとき、山縣有朋枢密院議長、西園寺公望首相、山本権兵衛海相らは伊藤に賛成しました。

## 「国際信義」は大国の都合による

**日下**　なるほど。この伊藤と児玉の対立はたしかに、「車の両輪、鳥の両翼あるがごとく」という状態ではない。日本が列国の信義を失うことを恐れた伊藤と、戦勝の余勢を駆って少しでも権益を拡張しておきたいと考える児玉の対立だった。国際的な信義が大事か、現実の権益確保か。信義と力はともに重要で、その両立が図れればこれに越したことはない。

これを選択肢の問題として考えると、日露戦争は生存のために戦わざるを得なかった戦争で、こちらから相手を選んだ戦争ではない。ロシアの奴隷にならないと決めたからには戦うしかなかった。このとき選択は一つでしたが、日露戦後は、日本には国際信義を重視する道もあれば、児玉のように武断的に権益を追求する道も選べたということで、どちらを優先させるかは、日本はどうありたいのかという国家意志から決めればよい。少なくとも東アジアにおいては、実力相応に振る舞うことができる国になった。これが日露戦後の日本に訪れた変化です。

国際信義といっても、結局は大国の都合なのです。たとえばアメリカを見るならば、一八九八年の米西戦争（アメリカ＝スペイン戦争）の結果、スペイン領だったフィリピン、グアム、プエルトリコを手に入れた。フィリピンでは一年以上も前から海軍がスペイン軍を攻撃するための準備をしていました。

ハワイがアメリカに併合されたのも一八九八年です。ハワイは一八一〇年にカメハメハ大王が建てた統一王国で、れっきとした独立国でした。欧米諸国、日本とも外交関係を持ち、欧米諸国との不平等条約に苦しんでいた日本に対し、最初にその治外法権の撤廃を約束してくれた国でもある。

そのハワイにキリスト教が入ってきたのは一八二〇年で、彼らの常套手段である「島民の啓蒙、教化」を名目にしたアメリカ系の宣教師の活動とそれに連なった企業家たちによって次第に経済と政治の実権が握られていきました。一八九三年、すでにハワイ経済を牛耳っていたアメリカ系白人企業家グループが私設軍隊を動かしてリリウオカラニ女王を追放し、翌年、共和国を宣言します。この追放劇には駐ホノルル米公使と米軍艦はクーデター派に協力して武装海兵隊を上陸させています。こうした〝やり口〟の国を相手にした信義とは、いったい何か。

児玉源太郎が見ていたものは、力の信奉者に対してそれを制するのは力である、ということではなかったでしょうか。やはり伊藤博文や山縣有朋らには幕末維新の頃に接した西欧に対する恐怖が続いていたのではないかと思います。油断しない、侮らないという意味での「畏怖」は大事ですが、それは臆病とは違う。列国の前で〝いい子ちゃん〟でいてもそれがプラスになった保証はありません。

したがってこのとき日本にとっての問題は、伊藤の考えで行くか児玉の考えで行くかという、その点で政治と軍事の整合性を欠いたことで、この不徹底がその後、軍に政府の制御を離れて独断を許す雰囲気を醸成してしまったことです。実際には伊藤は児玉を処断せず、児玉がこの会議の二カ月後に急死したことで、満州問題に対する日本政府の態度ははっきりしないかたちになってしまいましたが、こうした国内的な問題だけがその後の日米関係の冷却や列国との緊張をもたらしたわけではない。

## 異なる歴史的背景、価値観の相手と仲良くするには

**上島**　国際信義は大国の都合によるというのは、まさに日下さんのおっしゃるとおりだと思います。そして国際信義は各国間の平等や公平を認めるものでもなかった。早い話、平等や公正の感覚があれば、なぜ外交関係において彼方が有利で此方が不利という不平等条約が結ばれるのか。

安政五年（一八五八年）に結ばれた日米修好通商条約は、アメリカ人の下田、箱館における居住権や領事裁判権（治外法権）、神奈川、長崎、新潟、兵庫の開港における輸出入税率などに関して結ばれたもので、日本に不利な内容でした。明治維新後、政府は条約改正を外交上の最優先課題としましたが、この不平等条約の解消が達せられたのは四十年後の日清戦争の勝利によってで、明治三十二年（一八九九年）の日米通商航海条約の発効で正式に失効しました。

こうした時代の現実を見れば、日露戦争に勝利するまでの日本にとって、アメリカはまことに友誼溢れる国として映っていたというのもおかしな話です。実際に当時の国民感情としては、日英同盟で結ばれたイギリスに並ぶか、それ以上の親近感を持っていたように思います。

**日下**　開国後、崇洋媚外の日本人が多数現れたことも知っておくべきですね。「文明開化」という言葉の意味を一面的に捉えるだけではいけない。辞書にあるように「人知が開け、世の中が進歩すること」などと単純化して見てはいけない。文明開化、近代化は欧化主義ということだったのです。

**上島**　幕末に「夷（西洋）の術を以て夷を制す」と言ったのは佐久間象山ですが、ここには何を守るために、何のために欧米に接するのかという戦略があった。友情と警戒は成り立つものだった。

**日下**　異なる歴史的背景、価値観の相手と仲良くするというのは、それを意識することです。

**上島**　『小村外交史』によれば、日本海海戦で日本の連合艦隊がバルチック艦隊を撃破した報を受けたセオドア・ルーズベルトは、「神経昂進して身全く日本人に化し、公務を処理するの念なく、ただ来訪者に対し海戦の情況を談話して終日を送った」といい、ポーツマス講和条約の交渉においても、「自分は恰《あたか》も日本外務省の役人の如し」と側近に冗談を言ったそうです。

大統領だけでなく、アメリカの世論もまた日本に好意的だったとされますが、これは本当のことかどうか。たしかにロシアの南下を阻止するというのはアメリカの政策と一致していましたが、ルーズベルトはじめアメリカに対して、日本人は願望のメガネをかけて見すぎていた気がします。

**日下**　そうですね。上島さんの産経新聞社の先輩でもある高山正之さんと対談したとき、日露戦争をめぐって高山さんから興味深い話を聞きました（『日本はどれほどいい国か』ＰＨＰ研究所）。

高山さんは、「アメリカの悪意や敵意を見ないようにするのはおかしいと考えるので、その意味からもルーズベルトの講和斡旋の内容に異を唱えておきたい」と言って、一九〇五年（明治三十八年）五月二十九日付のニューヨーク・タイムズが、日本海海戦の日本の勝利を、「東郷、ロシア艦隊を粉砕」との見出しをつけながら、とても信じられない様子で、東京は「ロシア艦一二隻が沈没もしくは拿捕と発表」と、あくまで日本側の発表を報じるかたちをとったこと。中面で専門家の意見を入れながら「ロシアが本当に大敗したならば、それは地球半周に近い長旅を強いられたこと、兵士の練度が低かったこと」などに原因があると憶測を書き並べ、別の紙面では、上海発で「複数のロシア戦艦で水兵の反乱」があったと報じたことも教えてくれました。

**上島**　高山さんの感想は、記事の「行間には、白人国家が非キリスト教国家日本に大敗した事実を素直に認めたくない雰囲気が漂っている」というものでした。

## ルーズベルトがマハンに送った手紙に書かれていたこと

**日下**　そのニューヨーク・タイムズは六月二日付で、「戦争の結末」の見出しで今後の見通しについて長文の社説を掲載した。

「日本は米ペンシルベニアの会社に軍用トラックと鉄道資材を大量注文した。ロシア陸軍を翻弄してきたクロキの軍がさらに北に展開するための準備とみられる。目的地はロシアの最大の拠点ウラジオストクで、制海権を失った今、陥落は必至だ。皇帝がそれでも継戦にこだわれば、日本は交戦国の権利としてロシア商船を破壊するだろう。大西洋、地中海、バルト海にも進出してロシア船だけでなくロシア向けの中立国の船も臨検できる。ロシアに講和以外の選択はない。もっとも、日本艦隊がそこまで出てきて欧州諸国の神経を逆なですることはしないだろうが……。ともかくウラジオストクが落ちたとき、戦争は終わる」という内容で、高山さんの分析が面白いのは、「制海権を握れば勝ち」という米海軍名うての戦略家だったアルフレッド・マハンの『歴史にみる海軍力』の一節を引いて、海軍力を失ったロシアの惨状は米西戦争で敗れたスペインよりもひどく、日本は国際法にのっとりニューヨーク・タイムズの社説どおりの圧力をかけることもできたはずだが、そうしなかったのは社説のいう「欧州諸国の神経を逆なでする」行為をあえて避けた気配がある、という点でした。

さらに同紙はその翌日、「ルーズベルト大統領、和平斡旋に乗り出す」と報じ、英タイムズ紙は「ローマ法王もロシアに休戦を勧告」と伝えた。そして、講和条約の交渉はその年の夏、ルーズベルトの斡旋で開かれることになったというわけです。

**上島**　高山さんは日露戦争より遡《さかのぼ》って、先に日下さんが述べられたアメリカのハワイ王国併合を画策していた頃、米海軍省次官だったルーズベルトがマハンに書き送った手紙に触れています。そこには、こんなことが書かれていた。

「われわれはハワイ諸島を明日にでも併合すべきだ。私の信念では、日本が英国に発注した戦艦二隻が英国を離れる前に、ともかくもハワイのそこら中に星条旗を掲げ、細々した問題はその後に片付ければいい。そしてニカラグア運河（のちのパナマ運河）を早急に建設し、一二隻の戦艦をつくって半分は太平洋に配置すべきだ。私は日本の脅威を現実のものとして感じている」

高山さんは、「『オレンジプラン』と呼ばれた米国の『対日戦争計画』の第一ページとも読める」と述べましたが、この手紙が書かれたのは一八九七年だそうですから、日本では明治三十年、日清戦争のわずか二年後です。

**日下**　セオドア・ルーズベルトはその後、一九〇〇年の大統領選の副大統領に当選し、翌年九月マッキンリー大統領の暗殺を受けて大統領に昇格しました。彼の外交を要約すれば、強力な海軍力を背景に「棍棒片手に猫なで声」のカリブ海政策を推し進め、日露戦争後は日露の講和条約斡旋でノーベル平和賞を受賞したにもかかわらず、極東で台頭する日本に対して強い警戒心を感じるようになり、明らかに冷淡な態度に変わった。

たしかにマハンに宛てた手紙の内容を知れば、『小村外交史』に出てくる「自分は恰も日本外務省の役人の如し」などという日本への好意的な発言は、にわかには信じられないということになります。

## 「オレンジ計画」は日本への先制攻撃の意志だったか

**日下**　ルーズベルトは、一九〇七年十二月から〇九年二月にかけて新造戦艦、巡洋艦一六隻からなるグレート・ホワイト・フリート（白い艦隊）を世界に回航させました。アメリカという国の存在を世界に誇示した。そこにアジアで急速に台頭する日本への牽制があったのは間違いないでしょう。

当時のアメリカ海軍は大西洋に艦隊主力を配備し、太平洋には装甲巡洋艦が一隻配備されている程度でした。パナマ運河も建設中で、「太平洋の脅威」が現実になった場合の不安が強くあった。事実上、太平洋に存在していたのは日露戦争に勝った日本海軍だけでした。しかもルーズベルトだけでなくアメリカの保守派の政治家や軍人たちは、スペインから手に入れて間もない日本の近域にあるフィリピンの保持を心配していた。

**上島**　グレート・ホワイト・フリートの日本寄港（横浜港）は、明治四十一年（一九〇八年）十月でした。日本政府はその前年の「帝国国防方針」で、ロシア、フランスと並んでアメリカを仮想敵国としていました。さすがに日本側もアメリカ側の変化を感じ取っていたわけで、以後、昭和十六年の日米開戦までの三十三年間は紆余曲折を経ながらも、結果的に、お互い抜き差しならぬ関係に突き進んで行くことになります。

先に高山さんの発言として触れた、アメリカが日本を仮想敵国とした戦争計画の策定を始めたとされる「オレンジ計画（War Plan Orange）」は、日清戦争の直後から早くも検討されていたという説から日露戦争後の一九〇六年からという説もあって、その開始時期は明確に特定できませんが、日本の国際社会への台頭に伴ってアメリカが日本を警戒し、いずれは太平洋で衝突することになるだろうと、その想定をしていたのはたしかです。

**日下**　「オレンジ計画」は、アメリカが自国と主要国との間に戦争が発生した場合を想定した「カラーコード戦争計画」というシミュレーションの中で日本を対象にした計画を指すもので、全体のなかの一部にすぎません。それぞれの国に色を割り当て、日本はオレンジだったわけですが、この計画はイギリス、ドイツ、フランス、カナダなども対象国で、日本だけを特別敵視していたと決めつけることはできない。

さらに言えば、これらのシミュレーションの多くは、対象国との戦争が発生する可能性を吟味したうえで検討された、実施を前提にした計画というよりも、若手士官の訓練が目的とされていたようです。戦争設計を常に持っておくというのは、現在の日本人からすれば不穏なものと感じるでしょうが、国家が安全と独立を意識するかぎり当然のことで、「オレンジ計画」だけをもって日本へのアメリカの先制攻撃の意志に直結させるのはやや冷静さを欠く見方です。

ただ、全体的な流れを見れば、アメリカが日本に対してその行動を掣肘しようという意識が強くなっていたのは間違いない。

## 「黄禍論」が白人国家に広まった背景

**上島**　カリフォルニア州で日系移民があからさまに排斥されるようになったのは、一九〇五年(明治三十八年)頃です。日露戦争後からで、一九一三年(大正二年)には「排日土地法」が同州議会で可決されました。
この法律の名称は「California Alien Land Law」で、その条文に日系人を名指す文言はないのですが、市民権獲得資格のない外国人に対して土地所有と三年以上の賃借を禁じたもので、事実上は日本人を締め出すことが目的でした。一九二〇年には借地権そのものも否定され、同様の法律はアリゾナ州など一九二四年までに一〇州で成立し、同年、「排日移民法」が連邦議会で成立したことによって、アメリカ国内における日本人排斥の意志は明確になります。

この法律は「Immigration Act of 1924」という名称で、既存の移民・帰化法の一部を修正するかたちで、端的に言えば白人以外のすべての有色人種の移民を禁ずる内容でした。そこにカリフォルニア州選出下院議員の手によって、「帰化不能外国人の移民全面禁止」を定める条項が追加されたのです。

当時、「帰化不能外国人」でありながら移民を行っていたのは大部分が日本人でしたから、追加条項の意図は日本人排斥だったことは明らかでした。アメリカ政府も議会側の強硬姿勢に困惑した様子がありますが、日本は一九〇八年の日米紳士協定によって自主的にアメリカへの移民数の制限を続け、アメリカ政府には日系移民への排斥をしないようにと求めてきただけに、結果的にこの法律によって日本人の対米観は極めて悪化することになりました。

たとえ少数でも移民する権利が認められている状態と、完全に失われるのとでは大きな差があります。「排日移民法」と日本側が呼称するのは、むべなるかな。

国際平和を主張し、国際連盟事務局次長を務めた新渡戸稲造ですら法律の成立に衝撃を受け、二度と米国の地は踏まないと宣言し、内村鑑三のようにアメリカを「第二の故郷」と呼んだ知米派の知識人さえいたく憤慨させました。それまで親米的だった日本人の感情を大きく変え、以後の日米摩擦の原点になったのは間違いないと思います。
昭和天皇も大東亜戦争の遠因に、〈第一次世界大戦后の平和条約の内容に伏在してゐる。日本の主張した人種平等案は列国の容認する処とならず、黄白の差別感は依然残存し加州移民拒否の如きは日本国民を憤慨させるに充分なるものである。（略）国民的憤慨を背景として一度、軍が立ち上つた時に、之を抑へることは容易な業ではない〉（『昭和天皇独白録』）と語っています。当時の日本人がどれほどの怒りと落胆を感じたか。

**日下**　そうですね。人種問題を抜きにしては、なぜ日米が戦うことになったのかの答えは出てこない。これは押さえておかなければならない大きな視点です。「敵愾心」というものが何によって芽生えるか。

いまの日本人はまったく意識したことがないでしょうが、十九世紀半ばから二十世紀前半までは「黄禍論」というものがありました。主にヨーロッパや北米、オーストラリアなどの白人国家に広まった黄色人種脅威論で、これは日本人を狙い撃ちにしたものではありませんが、日本に対する白人列強の警戒感や差別感情の背景にあったことは否定できない。

とくにドイツ帝国の皇帝ウィルヘルム二世が広めた、「ヨーロッパの諸国民よ、諸君らの最も神聖な宝を守れ」という寓意画によって流布しました。先に上島さんが指摘したように、明治政府が日露戦争を日本とロシアとの二国間の限定戦争にしたかったのは、この黄禍論との関係で人種戦争になってしまうと手に負えないと考えたからです。しかし日本がロシアに勝利したことで、彼らは黄色人種への共同防衛という意識を、現実的には日本を対象として抱くようになった。

日本も直ちに「白禍論」を唱えるべきでした。政府でなく民間団体か政治団体か学術団体を使う方法がありました。戦争はまずプロパガンダから始まります。

**上島**　たしかに、黄禍論を理由にした露骨な白人諸国の条約や同盟はありませんでしたが、ウィルヘルム二世は日露戦争が開戦した折、セオドア・ルーズベルトに対し、日露戦争が黄白人種間の人種戦争であることを訴えています。

ポーツマス条約締結の折にも、ニューヨーク・タイムズのインタビューに答えて、ドイツの政府当局の意図を超えて黄禍を訴え、日露戦争の勝利によって列強間のアジアに対する「門戸開放」政策が日本によって崩れかねないからアメリカはそれを阻止すべきだ、というような話をしています。

## ルーズベルトの狡猾な計算

**日下**　高山正之さんが産経新聞の連載（「20世紀特派員」）で書かれていたとおり、日露戦争の勝利に湧いた中国からの留学生が続々と日本をめざし、東京に一万人を超える若い中国人学生が溢れたとき、そうした日中の新しい光景は欧州を十分に驚かせるものでした。ドイツのフォン・グレイル前駐北京大使（当時）はベルリンで会議を開いて、「中国の日本化が進むと欧州の権益が失われる」と主張し、「米、英と協力し、日本を押さえ込まねばならない」（ニューヨーク・タイムズ紙）と政府に警告を発し、アメリカのなかにも日本の勝利で終わらせたことへの反発が議会や軍部に生じたことは紛れもない。

**上島**　ルーズベルトがウィルヘルム二世の黄禍論に乗せられたという直接的な証拠はありませんが、さりとて彼が日露の講和を斡旋するに当たって日本に有利に取り計らったというのも無理があり、「神経昂進して身全く日本人に化し」ていたというのは日本側の甘い見方だと思います。

高山さんが、日露戦争の勝利を当時の中国人が喜んだこと、たとえば激戦地のムクデンでロシアの敗北が決定的になると、〈新京では中国人と日本人が手を取り合って中心街を練り歩き、花火がいつ果てるともなく夜空を飾った〉とニューヨーク・タイムズが伝え、〈日本海海戦の一報が届くと「市民は歓呼してロシアの敗北のニュースを迎えた」〉と英タイムズも上海電で報じたことを示したうえで、中国人の喜びが日中連携に結びつかないようにルーズベルトは狡猾に計算したと述べています。

つまり、日本がポーツマス条約を受諾せざるを得なかった背景には、ルーズベルトの事実上の〝恫喝〟があり、彼の斡旋によってニューヨーク・タイムズが予想していた日本のシベリアの一部獲得はならず、日本が得たのは同じアジアの中国の領土でしかなかった。これでロシアの顔は立ったが、日本と中国の間には逆に不和と不信の芽だけが残った。これは明らかに、のちの大東亜戦争の遠因となったという見方です。

高山さんは、こうしたルーズベルトの分析をしないことには、日米の確執の原点が見えないような気がするというのですが、たとえば南満州鉄道の共同経営に関する桂太郎とハリマンの仮協定が流れた経緯を見ても、ルーズベルトの関与がうかがえる節があるのです。

日露戦争中、クーン・ローブ商会のジェイコブ・シフとともに日本の外債募集に尽力したアメリカの鉄道王ハリマンが、南満州鉄道を日米の合弁事業とする目的で明治三十八年（一九〇五年）に来日し、桂太郎首相はじめ日本政財界の賛同で実現寸前に漕ぎ着けたものが、ポーツマスから帰国した小村寿太郎外相の反対で流れたのはよく知られています。

このとき、なぜアメリカに利益を分け与えるのかという世論の反発以外に、小村の反対の理由のなかには、ルーズベルトが満鉄資金の援助を保証したことがあるようです。ハリマンとルーズベルトは不仲だったと伝えられていますから、アメリカの国内事情も絡んでいたのでしょうが、とにかく南満州鉄道の共同経営案は流れた。

遡ってみれば、開戦時にアメリカは日本の戦時債の購入を引き受けていませんし、小村に伝えたとされる資金援助もなされませんでした。それどころかルーズベルトは、一九〇七年にはフランスなどと組んで中国に資金援助をしています。

巨額の借款です。「門戸開放」と「機会均等」を建前にした中国の抱え込みを始めた。原則としてその建前は正しいとしても、本音は日中を離反させることで中国市場に権益を築くことだった。

**日下**　南満州鉄道の共同経営の計画が流れて激怒したハリマンは、「日米両国は十年を出でずして旗鼓相見ゆるに至るだろう」(『小村外交史』)と語ったといいますが、以後の日米関係は日本がアジアで軍事力を背景に「実力」を行使し、アメリカは「原則」を宣してそれに抗議しつつ日本に譲らぬという状態が続きます。

しかし、アメリカが訴えた「門戸開放」や「機会の均等」という原則は、けっして普遍的なものではなかった。きわめて功利的で欺瞞《ぎまん》的なものであったと言ってよいのです。アメリカは満州と中国に対しては「門戸開放」を主張することで、日本がそこで特殊権益を持つのを牽制、批判しながら、カリブ海のキューバやプエルトリコのほか、新たに自国領としたアラスカやハワイはもちろん、植民地のフィリピンをも自国の関税領域として、堂々と差別待遇をしていたからです。

## 日本が提案した「人種平等規約」はなぜ否決されたのか

**日下**　大東亜戦争の戦後の日本では、あまりにアメリカの〝正義〟が喧伝され、日本側の主張が不当なものと決めつけられた戦争が語られすぎているので、公平を期するためには、第一次大戦が終わってから第二次大戦が勃発するまでの二十年間に、アメリカがさまざまな手段を尽くしてアジアにおける日本の力を弱めようとしてきた姿を確認しておかなければなりません。あくまでも大東亜戦争は、複数の国家の利害衝突のなかでの日本の決断であって、日本のみが一方的に引き起こしたのではない。

**上島**　ウィリアム・マッキンリー大統領時代のジョン・ヘイ国務長官が一八九九年に唱えて以来、アメリカ外交の代名詞のようになった「門戸開放」や「機会の均等」といった一般原則の提示にしろ、セオドア・ルーズベルトが明治四十一年（一九〇八年）にグレート・ホワイト・フリートを日本に回航させた武力の誇示にしろ、第一次大戦後の一九二一年にヒューズ国務長官が巧妙に画策したワシントン会議における四カ国条約や九カ国条約の締結にしろ、日本を弱体化させてアジアの覇権を握らせないようにするという点で、アメリカは一貫していたと言えます。時に日本に微笑を向けても、それにホッとしたり喜んだりするのは日本人のお人好しである表れでしかなかった。

**日下**　だからアメリカとの移民問題でも一九〇八年の日米紳士協定を信じたが、彼らの「門戸開放」「機会の均等」が普遍的な原則でなかったのを如実に示したのが先にも触れた日本人移民の排斥問題です。

大正八年（一九一九年）、第一次大戦終結後の国際秩序を決めるベルサイユ講和会議で国際連盟が誕生し、この会議で、我が国代表の牧野伸顕は連盟規約に「各国均等の主義は国際連盟の基本的綱領なるに依り締約国は成るべく速に連盟員たる国家に於る一切の外国人に対し、均等公正の待遇を与え、人種或いは国籍如何に依り法律上或いは事実上何等差別を設けざることを約す」という条文を加えることを提案しました。これは人種によって差別されないことを、国際社会の総意として正式に認めよというもので、国際社会において初めてなされた主張ですが、無論、カリフォルニアでの日本人排斥を念頭に置いてのことでもありました。

この提案に対して複数の白人国家が強く反対しました。牧野ら日本外交団は粘り強く説得を続け、新しい修正案を出すなど努力を傾け、日本の提案に反対していた国々を徐々に賛成へと変えていきました。

最終的に日本は採決を要求し、議長であるウィルソン米大統領を除く一六名による採決が行われ、その結果は、日本の提案にフランス、イタリア、ギリシア、中華民国、ポルトガルなど一一名の委員が賛成、イギリス、アメリカ、ポーランド、ブラジル、ルーマニアの五名の委員が反対しました。

ところがウィルソンは、「全会一致でないため、提案は不成立である」と宣言しました。牧野は「会議の問題においては多数決で決定されたことがあった」と抗議しましたが、ウィルソンは「本件のような重大な問題については、これまでも全会一致、少なくとも反対者ゼロの状態で採決されてきた」と回答し、強引に不採択を宣言して日本の提案に終止符を打った。

ウィルソンは、なぜ日本の提案を否決したのか。当時のアメリカは、アジア人排斥に機運の高まりだけでなく、すでに白人と黒人との間にも深刻な人種対立を抱えていて、日本の提案した『人種平等規約』が国際連盟規約に盛り込まれることになれば、アメリカ国内に重大な影響を及ぼすと考えたからです。

一九一七年にはワシントンはセパレート・シティになっており、バスや電車、学校など各公共施設も白人用と有色人種用の二つに区画が分けられていました。アメリカの「門戸開放」と「機会の均等」の主張は、日本に対してだけでなく国内の有色人種が白人に対して考えていたことです。つまり、「人種戦争」は白人側が始めたことで、日本が始めたものではないと歴史の先生は教えないといけませんが、日本人はキョトンとするでしょうね。そんなことは想像外です。

幕末に渡来した宣教師が、「日本人はなぜ白人の大砲や軍艦を見ても、我々を尊敬しないのか」のわけがわかった、と本国へ報告しています。一農婦が「白人は人を奴隷にするから人間ではない」と言ったというのです。

日本には国家として奴隷の制度があったことはなく、宗教にもなかったからで、昔もいまも人種問題には超然としています。世界の七不思議ですが、いまは日本の常識が世界の常識になりました。それは、大東亜戦争で日本が勇戦敢闘したのを見て、アメリカの黒人が立ち上がり、ユダヤ人と連携して「公民権法」を勝ち取ったからです。

## 孫文と袁世凱の政争の狭間に置かれた「対華二十一カ条要求」

**上島**　翻って日本の問題を考えてみると、第一次大戦中の大正四年（一九一五年）一月に大隈重信内閣が二十一カ条の要求を中国に出しているのですが、これがどのような意味を持つかについて、当時の日本は戦略性に欠けていたと言わざるを得ません。

中国側に要求したのは、山東省の旧ドイツ権益の割譲や、旅順・大連の租借期限の延長、南満州鉄道の期限延長、中国の沿岸島嶼《とうしょ》を他国に割譲させないことや、中国政府に日本人の政治・経済・軍事顧問を置くこと、警察は日中共同とし、兵器はすべて日本より輸入すること。日本人の学校・病院・寺院に土地所有権を与える。揚子江地域の日本の鉄道敷設権の容認などで、実際には大幅な権益拡張を要求したというよりも従来のそれを確認することに主眼が置かれたと言っても、さほど誤りではない内容です。

当時の中国は、「滅満興漢」（満州族の清朝を倒し、漢民族を興すこと）を唱えた孫文によって一九一一年に辛亥革命が起き、翌一二年一月一日、孫文を臨時大総統とする中華民国が成立していました。清朝から鎮圧に派遣された北洋軍閥の袁世凱が、初代大総統の地位に就くことを条件に孫文と取引をし、宣統帝を二月に退位させて清朝は滅んだわけですが、対華二十一カ条要求は、孫文と袁世凱の政争の狭間に置かれました。

交渉中の一九一五年三月、孫文は「日中盟約案」として外務省の小池張造に書簡を送り、兵器はすべて日本と同式にする、中国軍と政府は外国人を雇用する際は日本人を優先させる、鉱山や鉄道、沿岸航路経営のために外国資本を導入したり合弁を行ったりする場合は日本と協議する等々を提案しています。これらは二十一カ条の要求にほぼ重なるものでした。つまりこれは、内心無念であったとしても、日中の実力相応の両国関係は認めなければならないと孫文が考えていた表れです。

孫文は、日中盟約案は、袁世凱が自ら起草し、日本側に要請したもので、その見返りとして皇帝の地位を日本に認めさせようとしたのだと述べていますが、日本側の最後通牒は五月九日で、中国側はやむなく受諾したというかたちをとり、結果的に中国国内で排日運動が本格化して日中両国の対立が深まったというのが今日でも定説なのですが、日本が酷い横車を押したというのは実相から離れた話ではないかと思います。

『暗黒大陸　中国の真実』（原書房）の著者で米外交官のラルフ・タウンゼントは一九三〇年代にアメリカの上海領事館副領事から福建省副領事を務めた経歴を持ち、日米開戦後には「対日擁護」と「反米活動」で起訴、有罪判決を受けて一年間投獄された人物ですが、その彼が対華二十一カ条に関してこんなふうに語っています。

交渉に当たった日本の外交官からじかに聞いた話として、二十一カ条の内容が公になる前から、中国側は内容に満足し調印に同意していたという。しかし、内容に不満はないが日本側からの強い要求によってやむなく調印したというかたちにしてほしい、と。日本側はそのほうがよいのならそうしようということで、彼らの面子を立てることにしたということです。

当時の列国のなかでもイギリス、フランス、ロシアなどは日本の要求を不当なものとは見なしておらず、たとえばフランスのデルカッセ外相は「いまさら内容をうかがうまでもなく、貴国の成功を祝す」と駐仏日本大使に述べたほどです。

交渉に当たった加藤高明外相も、最後通牒は中国国民に対して袁の顔を立てるために、袁に懇願されたものであると公然と認めましたし、きわめて反日的だったアメリカ公使ポール・ラインシュの国務省への報告書にも、「中国側は、譲歩すると約束したよりも要求がはるかに少なかったので、最後通牒の寛大さに驚いた」（『米国人の観たる満洲問題』）とありました。

このときの日本外交の失敗を挙げるとするなら、要求の内容そのものではなく、最後通牒の手交を必要としない状況において最後通牒を出したことで中国国民の民族意識、排日感情に火をつけてしまったことで、自己の地位を強固にするために日本の横暴を内外に宣伝し、アメリカなどの同情を買いつつ中国国民の団結を訴えたかった袁世凱にまんまとやられたことです。

**日下**　それは今日の韓国との間の従軍慰安婦問題にも表れた、日本のお人好しゆえの弱さと同じですね。慰安婦の募集にあたって強制があったと認めた「河野談話」は、実際にはこれで問題を終息させると約束した韓国政府の要求を日本政府が受け入れて、文言まですり合わせた談合であることが判明していますが、相手の面子を立てることがこちらのプラスになるかどうか、またその約束を守らせることができるかどうかの詰めが甘かったという意味では、「対華二十一カ条要求」のときと同じです。

## 日本人が「自分には力がない」と思うのは今も同じ

**上島**　もう一つ、対華二十一カ条要求に関しては、山縣有朋ら元老の根深い対西欧恐怖があったと言われています。第一次大戦の戦乱が収まれば、ヨーロッパ列国は再び日露戦争以前のようにアジア蚕食、なかんずく中国分割を企図して侵出してくるのではないかという恐れですが、これは日露戦争に勝ってアジアの実力者になった日本として正しい恐れであったかどうか。

だから欧州が戦乱のうちに中国における権益を固めておこう、そういう火事場泥棒的な発想から対華二十一カ条要求という外交展開になってしまった。

日露戦争の勝利は、日本の実力がアジアで比肩する存在のないほどに強くなったことと、アジア人のみならず世界の有色人種に独立の希望と民族意識を広く覚醒させたのだという自己認識があれば、ここは「要求」ではなく孫文の提示した「盟約」というかたちをとったほうが道義からも実益からも得策だった、と私は思います。日露戦争の勝利によって、日本は帝国主義時代のゲームのルールを変えた。「白人列強対有色人種の国々」という図式を複雑化した。残念ながら、この現実が見えていなかったという気がします。

**日下**　なるほどそうです。日本人が「自分には力がない」と思うのは今でも同じです。実力相応の戦略や覚悟というのは、どうしたら身につくか。対外的に揉まれるという経験が必要ですが、日本は国の成り立ちからして、そうした経験をほとんどしなくて済んだ幸運な国だった。

ヨーロッパは、そうではありません。古くは八世紀以来イベリア半島でキリスト教徒とイスラム教徒が八百年にわたって戦い続けた歴史があり、彼らの歴史は戦乱とともにあった。だから、「平和」を「戦間期」でしかないとも考えるのです。

近代のヨーロッパの大戦争はナポレオン戦争と、それから約百年後の第一次大戦ですが、第一次大戦によって人類の戦争に対する概念と戦闘行為の現実が大きく変わりました。

少しおさらいしておくと、第一次大戦というのは、一九一四年（大正三年）七月二十八日から一九一八年（同七年）十一月十一日までヨーロッパを主戦場に三十数カ国が参戦した史上初の総力戦でした。

戦争の原因は複雑ですが、帝国主義時代の合従連衡として、イギリス・フランス・ロシアの三国協商とドイツ・オーストリア・イタリアの三国同盟との対抗関係が当時のヨーロッパ全体に強い緊張をもたらしていました。とくにドイツのウィルヘルム二世は即位後、対立した宰相のビスマルクを退け海外進出と軍事強化に努め、アフリカやバルカンでイギリス、フランスと衝突していました。

一九一四年六月二十八日、ボスニアの首都サラエボでオーストリアの皇太子夫妻がセルビアの民族主義者に暗殺されたことから、七月二十八日、オーストリアがセルビアに宣戦すると、ドイツ、ロシア、フランス、イギリスと相次いで参戦しました。イタリアは翌年、三国同盟を破棄して協商側につきましたが、アメリカは開戦以来、中立を保っていました。ドイツは東西に侵攻し、持久戦となって毒ガスや戦車、飛行機といった近代兵器が投入され、両軍とも莫大な戦費と人員と物量を費やす戦いになりました。アメリカも、一九一七年にドイツが中立国の商船に対しても警告なしに撃沈する無制限潜水艦戦を開始すると協商側に立って参戦しますが、ロシアは同年十一月に革命が起こってソビエト政権が誕生すると、領土や賠償金で譲歩して翌一九一八年三月にドイツと単独講和しました。

さすがに疲弊したドイツが同年十月に休戦交渉を申し出ると、翌月にはドイツとオーストリアで革命が起こって相次いで降伏し、ウィルヘルム二世はオランダに亡命。大戦は終結し、ドイツは翌一九一九年八月、帝政から共和国（ワイマール共和国）になりました。

日本は日英同盟を理由にドイツに宣戦し、中国の山東半島に出兵してドイツの租借地の青島を陥落させ、サイパン、テニアンといったドイツ領の南洋諸島を占領しました。これらの島々は戦後、国際連盟の信託統治領として日本に委ねられます。国内では欧州諸国の生産力の著しい低下のなか輸出が急増し、戦争景気に沸きました。

先に触れたように戦後処理として一九一九年一月にパリで講和会議が開かれ、六月ベルサイユ条約が結ばれました。米大統領ウィルソンの提起で「平和希求」を目的に国際連盟がつくられましたが、実際には連合国は交戦中から領土分割の秘密協定を数多く結んでおり、無併合の原則は実態を伴うものにはなりませんでした。大戦の結果、ヨーロッパの世界支配が緩み、それに代わってアメリカが世界秩序の主役に躍り出てきました。

ちょうど現在と同じで、日本を主役と認める時代が来ましたが、そのチャンスを中国に取られています。安倍首相一人が頑張っています。劣位戦思考がない珍しい政治家です。オバマは安倍首相に続くべきだとわかってそうするでしょう。

## 日本では戦国時代に終わりを告げていた「一族同士の戦争」

**上島**　余談になりますが、第一次大戦中に活躍したドイツ空軍のエース、マンフレート・フォン・リヒトフォーヘンを描いた『レッドバロン』（二〇〇八年、ニコライ・ミュラーション監督）という映画で、主人公のリヒトフォーヘンと協商側のカナダ航空隊のブラウン大尉が、お互い空戦で傷つき、着陸して会話する場面がとても印象的でした。

リヒトフォーヘンがブラウン大尉に「いつから戦争に?」と訊くと、「イギリスの参戦から。カナダは大英帝国領さ」と答え、そこからこんな会話が続くのです。

リヒトフォーヘンが「一族の間の争いのような戦争だ」とつぶやくと、

「貴族の〝一族〟同士のな。ロシアやイギリス、フランスやドイツは国境と関係なく血縁関係ができあがっている」

「でも国境のことで争う」

「争う理由は、こじつけだ」と。

ヨーロッパの貴族の血縁は複雑でよくわからないのですが、第一次大戦時のロシア皇帝ニコライ二世とドイツ皇帝ヴィルヘルム二世、イギリス国王のジョージ五世は従兄弟同士の関係のはずです。ジョージ五世はこのとき、ドイツ由来の家名サクス＝コバーグ＝ゴータを居城に因んでウィンザー家と改称しました。まさにリヒトフォーヘンも貴族（男爵）でしたが、第一次大戦を「一族の戦争」と呼んだのは、こんな関係ゆえにですね。

それから戦争中に、敵対する二人がこんな会話ができたのは、ぎりぎり人間の精神のうえでは騎士道精神というか、そういう感覚なり価値観なりが残っていて、その精華の最後の場面ということだったのでしょう。リヒトフォーヘンは部下に「俺たちは殺戮が目的ではない」と言っています。

**日下**　「一族同士の戦争」をこんな大規模に展開されたのでは、ヨーロッパ各国の庶民はたまらなかった。日本では戦国時代はとっくに終わりを告げていた。千数百年前にはほとんど統一国家になっていましたから、内部争いの無駄なコストがゼロの平和な時代が千何百年も続いたわけで、こんな国は世界に類例がない。大変な先進国です。地理的条件として四囲を海に囲まれていたということは大きいのですが。ともかく社会思想も宗教も文化も人生哲学も世界をリードしていました。

## 完全に日本の外交敗北だったワシントン会議

**日下**　第一次大戦期の日米関係に話を戻すと、一九一七年十一月にワシントンで、日本の特命全権大使石井菊次郎とアメリカ合衆国国務長官ロバート・ランシングとの間で締結された「石井・ランシング協定」というものがありました。内容は、日米両国が中国の領土的・行政的統一を尊重して中国大陸における門戸開放政策を支持することを約したうえで、日本の中国大陸満州・東部内蒙古における特殊権益を認めるものでした。アメリカの中国政策の一般原則と日本が主張する特殊利益との間の妥協点を決定するもので、パリ講和会議でも日本の特殊権益は認められましたが、その後、ワシントン体制に日本が組み込まれることで、実質的にはアメリカが外交的勝利を収めていくことになります。

**上島**　ワシントン体制はアメリカの日本封じ込め政策の結果ですが、その前にウィルソン大統領が努めて成功したのは、ロシア革命に対し、第一次大戦中にロシア軍の捕虜になったチェコ兵を救出する口実でアメリカ、イギリス、フランス、日本がシベリアに出兵した際、日本が極東の沿岸地方をロシアから分離して権益を確保するのを妨害したことでした。

日本の出兵を要請したのはフランス、イギリスなどで、日本と同盟関係にあったイギリスは、日本がシベリアでロシア共産党（ボルシェヴィキ）と戦うことを全面的に支持していて、結果として日本が満州、蒙古、シベリアを勢力圏とするのを黙認していましたが、アメリカはそうはさせたくなかった。アメリカのシベリア派遣軍の司令官があまりにも日本軍の行動を妨害するのでイギリス軍司令官がワシントンにその召還を要請した、という話もあるほどです。このときシベリアでの日英とアメリカの利害、立場は逆だったわけで、日本がそのときの英米の違いを的確に認識していたら、のちの日英同盟破棄は防げたかもしれません。

日本はアメリカの妨害にもかかわらず一時的に満州全土とシベリアの一部を押さえましたが、結果的に一九二二年（大正十一年）に全兵力を引き揚げてしまう。日本にとっては後に満州事変を起こしたときよりも、シベリア出兵のときのほうが列国の支持を得ての権益確保の好機だったと思いますが、ワシントン会議が開かれた時期とも重なって、日本はそういう決断ができなかった。

逆にシベリア出兵問題で日英同盟と対立することになったアメリカは、以後、日英同盟潰しに全力を注ぎ、それに成功したことでワシントン体制ができあがるわけですね。

**日下**　ワシントン会議は、一九二一年十一月から翌年二月にかけて、ウィルソン後のウォレン・ハーディング大統領の提唱でワシントンで開かれた軍縮会議で、太平洋と東アジアに権益がある日本、イギリス、アメリカ、フランス、イタリア、中華民国、オランダ、ベルギー、ポルトガルの計九カ国が参加しました。

アメリカにとって会議の主な目的は、中国における門戸開放政策の継続を日本に正式に受け入れさせることと、西太平洋海域における日本海軍の拡大を阻止することにありました。そのためには日英同盟の廃棄と優位を維持するための海軍の軍備比率を日本に呑ませることが必要で、ヒューズ国務長官はそれに全力を挙げました。

このとき日本の全権は加藤友三郎海相でしたが、アメリカの意図を読み切れずに、イギリス外相のバルフォアから日英同盟の存廃問題が議題に上がる可能性を伝えられていながら、その重大性に備えることなく、また英連邦のなかでカナダが日英同盟廃止を、オーストラリアが同盟存続を支持していたことも知らなかった。

要するに日本は情報戦で後《おく》れをとり、不穏な情勢に気づいて動き始めても、芝居の幕が上がったときにはアメリカのシナリオどおりに大勢は動いていて、日本はそれをどうすることもできなかったというのがワシントン会議の中味でした。

結果として議決されたことは、日米英仏による太平洋での各国領土の権益を保障した四カ国条約の締結で、それに伴って日英同盟は破棄されました。さらに日米英仏にイタリアを加えた五カ国の主力艦の保有量が制限され、日本は対米英六割を受諾せざるを得ませんでした。

また全参加国による中国の領土保全・門戸開放を求める九カ国条約が締結され、それに伴って石井・ランシング協定の破棄と山東還付条約が締結されました。山東還付条約というのは、日本が第一次大戦でドイツから獲得した山東省（膠州湾・青島）のドイツ租借地と山東鉄道（青島―済南間およびその支線）の返還が決められていました。実際には多少の権益は残されたのですが、ワシントン会議は完全に日本の外交敗北とされています。

ただし、イギリスの世論は対米比率がイコールになったことを大失敗と論じていました。五・五・三の五・五が大問題で、イギリスの二カ国の連合艦隊に勝つという大方針が消えたことを問題にしていました。また建艦競争の休戦で一番得をしたのは日本だという意見は、イギリスにも日本国内にもありました。敗北説は日本の海軍の「艦隊派」だけの主張です。「条約派」は喜んでいました。

## 「統帥権」を別立てにしていたことが明治国家の瑕疵

**上島**　日英同盟の廃棄は、明治三十五年（一九〇二年）以来、約二十年にわたって日本の安全と独立、大陸政策を支えてきたその基軸を失ったことを意味しました。これに追い討ちをかけるようにアメリカが日本に示したのが、一九二四年の排日移民法です。
ワシントン会議から満州事変まで、わずか十年です。その間にロンドン軍縮会議が昭和五年（一九三〇年）にあり、海軍の補助艦艇の保有比率が英米一〇に対して日本は七弱にされました。国内的には海軍軍令部の反対を押し切って同条約に調印した濱口雄幸内閣に対し、天皇の統帥権を干犯したとして軍令部、野党の立憲政友会、右翼などが攻撃し、濱口首相は同年十一月東京駅で右翼青年に狙撃され負傷、それがもとで翌年死亡しました。

海軍内部には、条約賛成やむなしとする「条約派（海軍省）」と、これに反対する「艦隊派（軍令部）」の対立構造が生まれていて、濱口内閣蔵相の井上準之助が緊縮財政を進めて海軍の予算を大幅に削ったことも艦隊派の不満を高めていましたが、立憲政友会の犬養毅や鳩山一郎、枢密顧問官の伊東巳代治や金子堅太郎らが大日本帝国憲法第十一条の「天皇ハ陸海軍ヲ統帥ス」（統帥大権）を盾に、政府が統帥事項である軍備・兵力量を天皇（統帥部）の承諾なしに決めたのは憲法違反だとして追及したことは、政争の具として「統帥権」を持ち出したと言え、政治と軍事のあるべき関係を政治が自ら棄損したのも同然で、「政治の手段としての軍事」が統帥権を主張することで軍は政治を超えて構わないと思わせたのは、きわめて残念なことでした。

日清戦争後の伊藤博文と児玉源太郎の対立については先に述べましたが、大日本帝国憲法第十一条が、天皇の「統帥権」を政治の内に収めず別立てにしたことで、結果的に政治と軍事の整合性を欠かしめることになったのは、明治国家の大きな瑕疵《かし》だったと言えると思います。

濱口内閣は与党の立憲民政党が衆議院で多数を占めていたので条約批准に漕ぎ着けることができましたが、この時点で昭和の満州事変や支那事変以後の政府と軍部の食い違いの予兆がはっきりあったわけです。アメリカの対日政策がいかに欺瞞に満ちたご都合主義であっても、こうした国の統治に関わる根幹をなおざりにしたことは禍根を残したと言わざるを得ません。

**日下**　目的を達するための原則と例外ということを考えてみると、「統帥権」は原則であって、これを軍部が主張してはならない。このときの問題は、まず海軍の艦隊派が自分たちの利益に錦の御旗を利用しようとしたことが責められなければなりません。次いで、政友会がその尻馬に乗る格好で「統帥権」を政争の具にしたこと。で、きわめて慎重に取り扱わなければならないことを彼らもまた私益で使った。

陸奥宗光の『蹇蹇録』にあった「みな陛下に左右して互いに文武両班の上位を辱《かたじけの》うするものにして、あたかも車の両輪、鳥の両翼あるがごとくなれば、おのおの相駢《へんこう》行、均動して（略）いやしくも廟《びょう》謨《ぼ》を画策するところの閣幕両臣の意志一に帰するにおいては、たとい世上にいかなる物議ありともあえて顧慮するに足らざるなり」という戒めが、すでにこの時代には失われていたのかと思わざるを得ない。

恐れを知っていた指導者が、日清、日露、第一次大戦と勝利の側に立ち続けたことで、どこか気が緩み、油断や自惚れに精神を侵されてきたということかもしれない。勝つことの怖さが、ここにあります。人間は適度に負けることがあったほうが反省もし、学習もするということです。

歴史的に見た日本の共同体の価値観は、漠然と上意下達が絶対だと思われていますが、子細に見ると、けっしてそうではありません。むしろ下位の者の裁量に委ねることを認める柔軟さを持っているのですが、この場合はその意味での柔軟性とは関係ない。なぜなら下位の者の命令受領とその実行のあり方ではなく、本当は上位者の選択、指導の問題だからです。

## 政党間で政争の具にしてはならないことがある

**上島**　政治は権力闘争ですが、それでも国家経営を考えたら政党間で政争の具にしてはならないことがある。この常識がきちんと機能しないと、議会政治は衆愚政治に堕して国を滅ぼしかねませんね。今般の安全保障関連法案をめぐる政府と野党の攻防、それにマスメディアの無責任な大衆迎合というよりも大衆煽動に同様の危険性を感じました。
時間を飛び越えて今日の話をさせていただきますが、政治家やマスメディアが一般的に「民意」を口にするとき、それは有権者の意向を指します。有権者は歴史感覚を持たないかぎり、いま生きている者の代表でしかありません。

国家や共同体の運営には、過去・現在・未来という時間軸の意識が不可欠であると考えるならば、「現在」の価値観や損得勘定のみで過去と未来を損なってはならない。大衆社会の「民意」は、どれほど事の軽重をわきまえることができるか。

集団的自衛権の行使を容認することが、なぜいま必要なのか。それを真摯《しんし》に考えることもなく、また現実に存在する中国や北朝鮮の脅威を見ることもない。

「徴兵制になる」「戦争に巻き込まれる」といった、悪意をもって不安を煽《あお》る「識者」の論理性のない情緒的な言葉に乗せられてはいないか。そしてマスメディアがそれを言論の自由をかざして増幅し、有無を言わせぬ「民意」として形成拡大してはいないか。たとえば、スイスが国民に兵役の義務を課したうえでの武装中立国であることを伝えるメディアがなぜほとんど存在しないのか、まことに恣意的、無責任だと思います。

**日下**　そうですね。たとえ不利な条件でもロシアとの講和を結ばなければと決意してそれを進めた日本政府に対して、連戦連勝の新聞報道に酔ってバイカル湖にまで進撃せよとか、東シベリアを全部獲得せよなどと叫ぶ一般大衆との認識の差が、なぜ戦後何年も経っても埋められなかったのか。

日本政府としてはロシアとの講和を少しでも有利に進める必要上、日本の国力に余力はないとは言えなかったとしても、ポーツマスの講和を不満、屈辱的として日比谷の内務大臣官邸や各地の警察署を焼き打ちした民衆に対して、それを矯《た》めるジャーナリストや言論人がほとんどいなかったのは今日も同じ様相です。彼らは平和安全法制関連法案を「戦争法案」と言い換えて、大衆の不安を煽る方向に加担した。

**上島**　そして野党が国よりも党利党略を優先して、本来あるべき政治のあり方を怯ませ、後退させてゆくとすれば、それは国民に「大事」の存在を気づかせることなく、日本の自主性、独立性の確立という命題から常に国民を遠ざけていくことになります。

憲法九条が平和の守護者たるのなら、なぜ北朝鮮による拉致被害を防げず、なぜその被害者を救出できないのか。日本国憲法が絶対であるのなら、故田中美知太郎の至言のように、憲法に「台風は来るな」と書けば台風は来ないのか。戦争は嫌だ、と言っていれば巻き込まれることはないのか。平和を愛する諸国民の公正と信義に信頼していれば、日本は未来永劫無事でいられるのか。

こんな観念の遊戯はとっくの昔に破綻《はたん》しています。

## 「張作霖爆殺」のミステリー

**日下**　戦争について考えることをしなければ戦争は避けられる、巻き込まれなくて済む、と思っている。困ったものです。こうした思考停止した頭でいくら歴史を眺めても、本当に必要な教訓は導き出せません。

ここでまた一九三〇年代に戻ると、ワシントン会議から満州事変までの間に山東出兵、済南事件、張作霖の爆死といった事件が起きています。

一九二四年に中国共産党との第一次国共合作を始めた蔣介石は、翌年、広東に国民政府を建て、一九二六年から北洋軍閥打倒をめざして戦ったのが「北伐」と呼ばれる中国の統一戦争です。武漢を占領して政府を移したのが一九二七年二月。しかし、左派勢力の台頭を恐れた蔣介石は四月に上海クーデターを起こし、共産党を排除して南京政府をつくって武漢政府を吸収したのち、一九二八年六月に北洋軍閥奉天派の首領だった張作霖を北京から追放し、北伐を完了します。

この間、蔣介石の北伐に対して居留民保護を理由に、日本軍は昭和二年（一九二七年）と三年（一九二八年）に山東省に出兵します。昭和三年五月に済南で国民政府軍（南軍）の一部による日本人襲撃事件が起き、日本軍と南軍が武力衝突したのが済南事件です。藤田栄介青島総領事が南軍による組織的に計画された衝突と述べているように、事件の実相はそうだったと思われますが、かように日本は中国での権益を得たことでこの地域に深く関わらざるを得なくなっていった。

日本列島以外に領土を持つという野心は当初なかったはずの明治国家が、ロシアをはじめとする列国とのパワーバランスのなかで自国の安全と独立を守るために大陸に進出したことは、中国、ロシア（その後ソ連）とじかに国境を接し、経済的負担と絶えざる緊張を強いられることになりました。自らを守るために他者との摩擦が常態になるという不安定要素を抱えたわけです。

第一次国共合作当時、日本は張作霖を、欧米は北洋軍閥の一派である直隷派を、ソ連は中国国民党内の共産党分子を、それぞれ支持していました。中国国内の各勢力に日本をはじめ欧米、ソ連の思惑が複雑に絡み合っていた。こうした緊張と摩擦のなかで日本は政治と軍事が一致して機能すべき体制が徐々に綻《ほころ》んでいき、そこに張作霖爆殺から満州事変に至る関東軍の謀略と軍人によるクーデター事件をもたらした構造的な原因があったと言えます。

**上島**　北伐軍と戦って河南で大敗した張作霖は、昭和三年六月四日、根拠地の奉天に入ろうとして関東軍参謀河本大作大佐の策略によって列車を爆破され、死亡しました。これは当時、事件の後始末に当たった小川平吉鉄道大臣、外務省・陸軍省・関東庁の「特別調査委員会」などによって判明した事実とされ、日本政府は責任を取るかたちで田中義一が総理大臣を辞職しました。

これが事件の概要としては今日最も有力な説ですが、二〇〇六年（平成十八年）に、「日本が張作霖を暗殺しなければならない理由はなく、張作霖の反ソ連的姿勢に重大な脅威を抱いたソ連特務機関が手を下し、関東軍の仕業に見せかけた」という、ソ連・ロシア特務機関の活動を専門とする歴史家ドミトリー・プロホロフ氏の研究が発表され、「日本による中国侵略の第一歩」とされる張作霖爆殺事件の真相は定説どおりでない可能性が出てきました。加害者とされた日本がさらに奥深い策略の被害者だったとすればミステリアスな話ですが、ともかくも日本は自らの手に余る状況に陥りつつあったと思います。

## 政治の不作為や怠惰、絞り込み思考による発想力の欠如

**上島**　暴発というかたちでその解消を図るのは戦争設計がないと同じですから、そこにあるのは国益追求の戦略ではなく感情的なものでしかない。

入江隆則氏が、〈私は関東軍の独走を許し難いと考えている人間の一人で弁護するつもりはないが、ワシントン会議で〝外された日本の憤懣《ふんまん》〟もしくは〝傷ついた日本の復讐〟の表現としては理解できなくもない。クラウゼヴィッツが「戦争は他の手段をもってする政治の実行」だと言った〉ように、〈この言葉には政治があらゆる努力を尽して打つ手がな

いときに戦争で解決せざるを得ないという外にもう一つの意味があり、政治が拙劣で一国の主張を表現できないとき、拙劣な政治の手段として戦争が起るという解釈があり得る〉（『敗者の戦後』）と述べられたのは、まさにこの時期の軍部の政府に向けられた苛立ちを読み説いたものです。

国際協調路線を進めたとされる〈幣原外交は今日概して評判がよいが、アメリカとカナダが日英同盟を脅威と感じないで済む方法を日本側がもっと積極的にさがすとか、中国の華中と華南に伝統的に権益を持つイギリスが日本を脅威と感じない保証をし、それによってイギリスとアメリカの離間をはかるとか、日本がドイツから譲り受けたヤップ島をアメリカが海底電線の重要基地であると同時に米領フィリピンへの脅威として関心を持っていた事実にかんがみ、思い切って手放すかわりに満州問題で和解をはかるとかの積極策が彼にはなかった。彼のみならず日本の政治家にそういう発想がなかった〉（同書）というのも、日下さんが常々おっしゃる拡散思考、優位戦思考の発想が当時の政治指導者のなかに著しく欠けていたことの指摘です。

幣原の国際協調外交とは、受動的な姿勢を是とする「受け身の正当性」から立てられたもので、自ら新しい枠やルールを設定しようと努めず、能動的に事態を打開していく気概に乏しいものだったと私は思います。これでは欧米諸国が戦略変更するたびに後手に回ることになります。

イギリスは初めから日英同盟を破棄するつもりはなかったわけですから、〈日英同盟についてイギリス連邦のなかで意見の対立があることをあらかじめ察知して、オーストラリアと共同歩調をとってカナダの不安をおさえることができていれば、カナダは最初少数派だったのだからロイド・ジョージ首相はアメリカの日本いじめに荷担しなかったかもしれない〉（同書）というのは、十分可能性のあった話ではないでしょうか。

**日下**　したがって、単純に軍隊の暴走によって日本は「国策を誤った」などと決めつけてはいけない。国策を決めるべき人が決めていなかった。ということがあります。政治が何をしたか。あるいはしなかったのかを見なければいけない。昭和に入ってから政治の不作為や怠惰、それから評論家の絞り込み思考による発想力の欠如が目につきます。

あるいは近衛首相がアンビギュイティを方針としたことについての理解がありません。〝あいまい戦略〟と訳され、クリントンがとった外交方針と言われますが、近衛首相の本心はそうではないと思います。

アンビギュイティは首鼠両端を持することで、したがってあいまいとも訳されますが、決断を胸に秘めているときは態度保留が正しい訳だと思います。様子見とか、先送りが正しい訳で、近衛にはお公卿さんらしい決断が心中にありました。それはルーズベルトと近衛のトップ会談です。その日までは軍部の独走を許したのだと思います。が、ルーズベルトは一枚上で、会見しませんでした。

# 第四章

# 満州事変以後の「イフ」を思考する

## 満州事変は、ちゃんと設計されていたか

**上島**　満州事変は、昭和六年（一九三一年）九月十八日に満州の奉天（現瀋陽）郊外の柳条湖付近の南満州鉄道の線路を関東軍が爆破（柳条湖事件）し、関東軍はそれを張作霖の息子の軍閥首領張学良の破壊工作だとして軍事制圧に出た事件です。関東軍の動きは迅速で、翌日までに奉天、長春、営口の各都市を占領しました。この軍事行動を仕組んだのは関東軍高級参謀板垣征四郎大佐と、関東軍作戦参謀石原莞爾中佐で、関東軍はわずか五カ月の間に満州全土を占領し、軍事的には驚くべき成功を収めたと言えます。

しかし日本政府と軍部の関係、「統治」の視点からこれを見ると、大いに問題がありました。翌十九日に陸軍省と参謀本部合同の会議が開かれ、小磯国昭軍務局長の「関東軍今回の行動は全部至当の事なり」という発言に、杉山元陸軍次官、二宮治重参謀次長、梅津美治郎総務部長ら参加者一同から異議は出されず、閣議に兵力増派を提議することが決められましたが、同日開かれた閣議で南次郎陸相はこれを関東軍の自衛行為と強調したものの、政府は兵力増派を認めませんでした。

それが九月二十一日、林銑十郎朝鮮軍司令官が独断で越境して満州に動員したため、国

際的な注視のなか同日の閣議は、爆破事件から「事変と見なす」ことに決し、さらに二十四日の閣議で「此上事変を拡大せしめざることに極力努むるの方針」を決するのですが、現地の関東軍は、軍司令官本庄繁を抑えて、政府の不拡大方針や陸軍中央の局地解決方針を無視して戦線を拡大していきました。十一月十九日にチチハルを占領、翌七年二月のハルビン占領によって関東軍はほぼ満州全域を押さえました。

二月二十九日、満州をめぐる日本・中国間の紛争調査のため国際連盟が派遣したリットン卿を団長とする調査団が来日しますが、三月一日には満州国の建国が宣言されました。柳条湖の爆破事件から半年足らずのうちに満州国という存在を関東軍は生み出してしまった。国家元首にあたる「執政」には、清朝の廃帝愛新覚羅溥儀《ふぎ》が、国務総理には鄭孝胥が就いて、首都を新京（現在の長春）に定めました。これらの発表は、東北最高行政委員会委員長張景恵の公館で行われ、三月九日に溥儀の執政就任式が新京で行われました。

三月十一日に蔣介石の中華民国政府は満州国の否認声明を出し、アメリカも十五日に満州国の不承認の声明を出しますが、満州事変発生時の若槻礼次郎内閣から代わった犬養毅内閣は十二日の閣議で、「満蒙は中国本土から分離独立した政権の統治支配地域であり、逐次、国家としての実質が備わるよう誘導する」と決定しました。関東軍の独断専行に引きずられた格好ですが、満州国の承認に慎重だった犬養が五・一五事件で暗殺され、その後を継いだ斎藤実内閣によって六月十四日、満州国承認決議案が衆議院の全会一致で可決されました。前年のロンドン軍縮会議で軍縮案を呑んだ濱口雄幸を批判した犬養がこうしたかたちで殺害されたことは、軍部やそれに指嗾《しそう》された右翼が議会政治に対する敬意や畏れを失っていた表れですね。

**日下**　たしかにそうですが、一九二九年（昭和四年）の世界恐慌に端を発した大不況によって企業倒産が相次ぎ、社会不安が増大し、農村の疲弊も深刻化するなかで、当時の政党政治の腐敗に対する大衆の反感を体現した要素もあった。事件に関与した陸海軍の軍人はそれぞれ陸軍刑法、海軍刑法の反乱罪の容疑で裁判を受けましたが、彼らに対する助命嘆願運動が巻き起こった結果、判決は軽いものとなり、死刑は一人もいません。そして、これが昭和十一年（一九三六年）の二・二六事件の陸軍将校の反乱を後押ししたとされています。

**上島**　世上騒然とするなか、九月十五日に日本と満州国の間で日満議定書が調印され、日本は満州国を承認します。そして十月四日には早くも満州国建設部隊の第一次武装移民団が満州に入植しました。しかし日中間の衝突は止《や》んだわけではなく、十二月八日には山海関で干戈《かんか》を交え、昭和八年（一九三三年）一月三日に関東軍は山海関を占領しました。二月二十三日には熱河省に進攻し、三月四日には省都の承徳を占領します。まさに中国軍相手に連戦連勝です。

しかし、これは将来の日本の大陸政策の安定につながるかどうかはわからなかった。勢いに任せていただけとも言えます。満州事変の国内的な問題は、石原莞爾が何を企図したにせよ、中佐クラスの立案による軍事行動が政府の方針に反して拡大し、さらにこの策略が政府も天皇も知らない間に実行されたということです。

そしてその首謀者や加担者に対し、軍の法に反したことへの処断がなされなかったことです。物事には原則と例外があり、妥協してはならぬことと大目に見てもよいこと、曖昧にしておいたほうがよいこともありますが、その機微がわからなくなると、これほど危険なことはない。満州事変がちゃんと設計された日本政府と軍部の一致した事態の打開策ならばともかく、そうではなかったことに国内問題としての深刻さを見なければならないと思います。

## 東京裁判の訴因が成り立たなくなる一級史料

**日下**　目的や命令に対する原則と例外の間の機微については、あとで詳しく論じます。満州事変については、たしかに上島さんのご指摘どおり、日本政府と軍中央の共同ではなく石原莞爾を中心にした現地の関東軍が勝手に行った問題があります。しかし、これは同時に国際的非難を浴びるような問題ではない。その点は性質が異なります。

なぜ石原莞爾は満州で危機感を持ったか。資源確保や人口増加問題の解決を図るという目的がありましたが、国境を接するソ連から大量の共産分子、「赤い狐」と呼ばれた工作員の侵入と破壊があって、それが日本と中国の双方に相食《あいは》む工作を仕掛けていたということがあります。実際、この現実は無視できないものがありましたから、これを英米に強く訴える手はありました。

リットン調査団が満州に入ったのは昭和七年（一九三二年）の四月に入ってからですが、そもそも満州は満州族の土地で、そこに満州族の溥儀を皇帝とする国を建てることを米英から侵略と決めつけられることにはいくらでも反論できたのです。満州族の国を建てることは清朝最後の皇帝（宣統帝）溥儀の願望でした。この経緯は、渡部昇一氏が監修した『紫禁城の黄昏』（祥伝社）に溥儀の家庭教師だったイギリス人レジナルド・ジョンストン博士がはっきり書いています。

渡部さんによれば、『紫禁城の黄昏』がイギリスのヴィクター・ゴランツ社から出版されたのは一九三四年（昭和九年）年三月です。

溥儀に満州国建国への熱望があったのか。それとも日本の単なる傀儡《かいらい》にすぎなかったのか。それについて唐紹儀《とうしょうぎ》（中華民国最初の国務総理）が「満州の先祖が、シナと満州の合一の際に持ってきた持参金の〝正当な世襲財産〟を再び取り戻したまでのことだ」と語ったことは重要です。溥儀にその意志があったとなれば、日本の大陸侵略は共同謀議によるという東京裁判の起訴の訴因そのものが成り立たなくなる。日本のシナ大陸侵略を否定する一級史料だったから、この本は裁判の証拠に採用されなかった。

またこの本がリットン調査団の結成前に出版されていたら、「将来、満州はシナ政府主権の下に地方自治政府になるべき」などという見当違いの勧告を彼らはしなかったでしょう。ジョンストンはリットン卿らを「シナの歴史に無知な連中」と語っていたという。

満州族はシナ（当時は明朝）を征服しましたが、その満州族最後の皇帝こそ溥儀で、彼はその後、一九二四年の馮玉祥のクーデターで紫禁城を脱出し、日本公使館の保護を受け、彼は先祖の墓陵がシナ兵によって爆破され、埋葬品が奪われたのを見てシナに愛想を尽かし、父祖の地に戻った。

『紫禁城の黄昏』は現在、岩波文庫（入江曜子・春名徹訳、一九八九年）の一冊として出ていますが、渡部さんによれば完訳ではないという。第一章から第十章までと、第十六章がばっさりと削除されていて、その理由は「主観的な色彩の濃い」部分だからという。

では、そこにはどんなことが書かれていたか。たとえば削除された第一章の第一ページには、こういう記事があった。

「一八九八年当時、満州に住んでいた英国の商人たちは〝ロシアが実質的に満州を併合するのを目の前の現実として〟語っている。英国の宣教師の指導者も、〝私のみならず、私のもとで働くどの宣教師も口を揃えて、満州とは名前だけで、ことごとくロシアのものと思われると明言した〟のである。

これは、眼前にある今の満州問題の背景を理解しようという者なら、絶対に忘れてはならないことである。シナの人々は、満州の領土からロシア勢力を駆逐するために、いかなる種類の行動をも、まったくとろうとしなかった。もし日本が、一九〇四年から一九〇五年にかけての日露戦争で、ロシア軍と戦い、これを打ち破らなかったならば、遼東半島のみならず、満州全土も、そして名前までも、今日のロシアの一部となっていたことは、まったく疑う余地のない事実である」

またリットン報告書に、満州独立運動について「一九三一年九月以前、満州内地ではまったく耳にしなかった」と書かれているのを、ジョンストンはそれが事実でないことを当時の資料で証明している。

## “情報戦”“宣伝戦”の重要性を認識しないことの勿体なさ

**上島**　『紫禁城の黄昏』に書かれていることは、現在の日本人こそ知っておく必要がありますね。リットン報告書は昭和七年（一九三二年）七月に提出され、「柳条湖事件およびその後の日本軍の活動は自衛的行為とは言い難い」としながら、「満州に日本が持つ条約上の権益、居住権、商権は尊重されるべきである」と述べています

昭和八年（一九三三年）二月二十四日の国連特別総会でリットン報告書をもとに作成された「中日紛争に関する国際連盟特別総会報告書」の採択が討議され、満州の法的帰属については争う余地なく中国にあり、日本がとった軍事行動は自衛とは言えないとしたうえで、満州国の分離独立を承認すべきではなく、日本軍が満州鉄道の鉄道地区まで撤退すべきであると結論づけました。同時に日本の特殊権益を確認したうえで九カ国条約の原則を維持することを勧告している。

これに対し、賛成四二票、反対一票（日本）、棄権一票（タイ＝当時シャム）、投票不参加一国（チリ）という結果となり、松岡洋右全権が率いる日本はこれを不服としてその場で退場、日本政府は三月八日に脱退を決定しました。日本の国内世論は拍手喝采をもって

迎えたのですが、ここに当時の日本国民の憤懣《ふんまん》が表れています。

**日下**　報告書が日本に要求した「満州からの撤退」には期限が区切られていません。日本の満州における権益は認めていたのですから、いきなりヒステリックに国際連盟を脱退する必要などなかった。このときの怒りの表明は、何も他国を動かす力にはならない。

日本が正式に国連を脱退したのは三月二十七日で、それが発効したのは昭和十年（一九三五年）三月二十六日です。

昭和八年五月三十一日、河北省塘沽《タンクー》において関東軍と中国軍との間に塘沽協定が結ばれ、これにより柳条湖事件に始まる満州事変の日中間の軍事的衝突は停止しました。

翌九年三月一日に満州国は帝政を敷き、執政溥儀は皇帝に即位しました。同年五月にサルバドル、九月にローマ法王庁が満州国を承認し、昭和十年一月、国際連盟は日本の南洋統治の継続を承認しています。このように見ると、日本は中国との交渉窓口もあり、国連脱退表明でいきりなり孤立したのではないことがわかります。

軍事行動だけが国際的な環境を動かす手段ではない。日本の満州関与の歴史的経緯からその権益の正当性を含め、もっと日本の立場を強く宣伝すればよかったのです。それはまあプロパガンダですが、中国が世界的に展開していたのと比べると、日本は何もしていないも同然でした。〝情報戦〟〝宣伝戦〟の重要性を、当時の日本政府と軍が認識していなかったのがなんとも勿体《もったい》なかった。

## 日本が満州国を建てて「生命線」とした理由

**上島**　満州事変は、日清戦争直後の清国における権益と国際信義に関し、前者を優先すべきと考えた児玉源太郎と後者を優先すべきと考えた伊藤博文の対立が、時を経て大陸での現実の軍事行動として噴出したものとも言えます。帝国主義時代にあって実力相応の振る舞いをして、なぜ日本だけが非難されるのか。いや、なぜ日本だけが先行する列強のゲームルールのなかで劣位に留め置かれるのか。これは第一次大戦後のドイツも同じ感情を持ったでしょうし、まさにヒトラーはこれを打破し、大ドイツを回復したかった。

先に日下さんがご指摘になった現状維持派と現状打破派の衝突が中国大陸を舞台に展開され、アメリカの「門戸開放」「機会の均等」も自国の利益のためなら、日本の満州における「五族協和」も日本のためでそれで何が悪いのだ、と。こう叫びたくなる気分を、当時の日本人は庶民も知識人も持ったのではないかと思います。

大正十四年（一九二五年）に大川周明がこう書いています。

「亜細亜に於ける最強国は日本であり、欧羅巴を代表する最強国は米国である。この両国は、天意か偶然か、一は太陽を以て、他は衆星を以て、それぞれ国家の象徴として居るが故に、その対立は宛も白昼と暗夜の対立を意味するが如く見える。この両者は、ギリシアとペルシア、ローマとカルタゴが戦はねばならなかつた如く、相戦はねばならぬ運命に在る。日本よ！

一年の後か、十年の後か、又は三十年の後か、それは唯だ天のみ知る。いつ何時、天は汝を喚んで戦を命ずるかも知れぬ。寸時の油断なく用意せよ！（略）来るべき日米戦に於ける日本の勝利によつて、暗黒の世は去り、天つ日輝く世界が明けそめねばならぬ」（『大川周明全集』第二巻「亜細亜・欧羅巴・日本」）

大川周明は東京大学を卒業後、インドの独立運動を支援してラース・ビハーリー・ボースらを一時期、自宅に匿《かくま》ったことがあります。南満州鉄道調査部に勤務したこともあり、若い頃は思想家というより行動家をめざしたのかもしれません。日本が日英同盟を重視して、イギリス側に立つことを批判してもいます。近代日本の西欧化に対して日本主義を主張し、経済では統制経済を唱道しました。

三月事件、十月事件に関係し、五・一五事件では検挙されています。東京裁判でA級戦犯として起訴され、法廷内で東條英機の頭を叩く場面が映像で知られていますが、精神障害と見なされたことで釈放され、今日ではただ奇矯な人物のように切り捨てられている感がありますが、大川の「(日米は)相戦はねばならぬ運命に在る」というのは、彼にだけあった考え方ではなく、歴史の必然としてそれを感じていた知識人は少なくありません。これを大川のような言葉にしなくとも、心のうちに憤懣として抱えた日本の庶民も少なくなかったと思うのですが。

**日下**　一九二九年のアメリカの株価大暴落に始まった大恐慌（The Great Depression）は世界と日本に深刻な影響を及ぼしましたが、当時のフーヴァー米大統領は、国際経済の安定より国内産業の保護を優先する姿勢をとり、スムート・ホーリー法が定められることになりました。一九三〇年六月十七日に成立した関税に関する法律で、二万品目以上の輸入品に対する関税を大幅に引き上げるものだったから、多くの国が対抗措置としてアメリカ製品に高い関税をかけて報復するという悪循環をもたらしました。

各国の関税引き上げに拍車がかかったことで、アメリカ国内の不況を世界的な大恐慌に広げることになり、世界は保護貿易とブロック経済に突入していきました。こうなると自分の勢力圏（植民地）がない国は生存に困難が生じることになります。

「アウタルキー（Autarkie）」を強いられる時代」になったのですが、アウタルキーとはもともとギリシア語で「自足」の意味で、原料を自給化し、外国に依存しない。自分の勢力圏内だけで生きられる単位ということになる。アメリカはアウタルキーが可能でした。

世界の四分の一を植民地にしているイギリスも、インドネシアを植民地にしているオランダも、ソ連も可能だった。ところが日本はアウタルキーが可能ではなかった。帝国主義時代の産業国家として後発だったドイツもイタリアも同様です。日本が満州国を建てて「生命線」とした理由を端的に言えば、こういうことです。

その頃の私の記憶では、普通の日本国民は、アメリカとの間に戦雲が漂い始めてもまだアメリカは善意の国なのか悪意の国なのか判断に迷っていたように思います。日露戦争から大正時代にかけては善意の国に見えていた。自由や民主主義を謳ったハリウッド映画も日本人は大好きでした。それはエジソンの特許戦争によってニューヨークを追われたユダヤ人がハリウッドに集まってつくっていた映画だったが、日本人は単にアメリカの映画と思っていた。

ロシア革命までは日本も独自に民主主義の道を歩んでいたからなおさらだったのですが、排日移民法やスムート・ホーリー法は真綿で日本人の首を絞めるようにやってきた。アメリカは自分のアウタルキーしか考えない。石原莞爾のような形而上の考察はできなくとも、庶民はそう肌で感じていた。

## 日米戦争を想定した戦争設計、計画が石原莞爾にあったか

**上島**　石原莞爾は、日本国家の生存のために何を為すかと同時に、大川周明と同じように宿命としての日米衝突を見ていました。彼は昭和十五年（一九四〇年）五月、京都で「人類の前史終わらんとす」と題して講演しているのですが、そこでこう述べています。

「……私は第一次欧州大戦以後の国家連合の時代は、この次の最終戦争のための準決勝戦時代だと観察しているのであります。（略）

どれが準決勝で優勝戦に残るかと言えば、私の想像では東亜と米州だろうと思います。人類の歴史を、学問的ではありませんが、しろうとで考えて見ると、アジアの西部地方に起った人類の文明が東西両方に分かれて進み、数千年後に太平洋という世界最大の海を境にして今、顔を合わせたのです。この二つが最後の決勝戦をやる運命にあるのではないでしょうか」（『世界最終戦争論』）

満州事変から九年の後です。石原はこの考えを日蓮宗の末法の世への予言と結びつけて「全人類の永遠の平和を実現するための、やむを得ない大犠牲であります」（同書）と説いているのですが、石原の予想が机上の思いつきでなかったことは、まさに満州事変の実行

に現れています。

**日下**　石原は歴史の必然として日米大戦争が起こると考えたが、それが本当に避け得ない必然なのかどうか、またその戦争に日本が突入したとして、満蒙や朝鮮半島、台湾といった新領土を合わせた国力でアメリカとの戦いに耐え得るかどうかの見通しとしては、なるべく準備期間を長くとるべきだと考え、支那事変（日中戦争）には大反対でした。

支那事変勃発時の関東軍作戦主任参謀の石原は、その後、関東軍の参謀副長に転じ、満州国を満州人自らに運営させることを重視しましたが、これを理解しない関東軍参謀長の東條英機と対立します。「東條上等兵」と呼んであからさまにバカにし、東條も石原が上官に対して無遠慮に振る舞うことを不快に感じ、石原の言動を「許すべからざるもの」と思っていました。

結局、石原は昭和十三年（一九三八年）に参謀副長を罷免されて舞鶴要塞司令官に補せられ、十四年には東條の意向でしょう、第十六師団の師団長に補せられますが、十六年八月に予備役へ編入され、四月に立命館総長中川小十郎が新設した国防学講座の講師として招かれ、以後は教育や評論・執筆活動、講演活動などで過ごし、東亜連盟協会の指導に尽くしました。小学生の私は父に連れられて高松市でその講演を聞きました。石原莞爾は満州政策からも離れ、大東亜戦争の戦争設計に関わることもなかった。東條英機との確執がずっと影響したからです。

**上島**　満州国を建てて以後の石原は、昭和十二年の支那事変に関し一貫して不拡大方針を唱えています。満州事変に関しても、万里の長城を越えて華北に侵入することには反対でした。

石原莞爾が何を考えていたかの手がかりとして、彼が昭和十六年十二月九日に書いた「戦争指導方針」のメモにはこうありました。

〈一　対南方作戦の進捗に伴い東亜連盟の原則に基き、固有の文化を有する諸民族の独立を尊重することを中外に明にす。即ち、

1　「フィリッピンを占領せず、速やかにその完全独立を声明し、適時これと不可侵条約を結ぶ。

2　「ジャバ」、「スマトラ」等もその民族の状態に応ずる独立国たらしむ。これに対する指導の程度は一に諸民族の能力によりて決定す。華僑を安心せしめ、これを活用することと特に肝要なり〉

**日下**　石原莞爾は領土を欲していたのではない、と。

## 「五族協和」は日本が世界に示した新しい国家像

**上島**　石原は満州国をアジアのアメリカ合衆国にしたいと考え、満州で働く日本人はみな日本国籍を捨てるべきだという論を吐いたこともあるそうです。アメリカの独立戦争にたとえると、アメリカ合衆国の旗の下の戦う者にイギリス国籍の者はいない、ということになるでしょうか。それでも独立後のアメリカは黒人奴隷制度を維持しますが、満州国の精神は、日本人・漢人・朝鮮人・満州人・蒙古人の「五族協和」なのだと。これはこれで、日本が世界に示した新しい国家像だったと思います。

福田和也氏は『地ひらく――石原莞爾と昭和の夢』（文藝春秋）で、こう語っています。〈石原がアジア諸民族の独立に心を砕いたのは、もとより石原の理想としてのアジア諸国の独立とその参加による東亜連盟の樹立というヴィジョンによったものだろう。と同時に、各国の即時独立は、大東亜戦争の大義を、内外に、さらには歴史に対して、明確に闡《せん》明《めい》することになる。加うるに戦略的にも、もしも日本が英米との戦争に勝利しうる機会があるとすれば、それは日本独力の、軍事力、経済力、産業力では不可能であり、広くアジア諸民族全体の潜在的エネルギーを引き出すことによってしかありえない、という発想が

あったのだろう〉

深田祐介氏の『大東亜会議の真実』（ＰＨＰ新書）の巻末に福田和也氏との対談（「大東亜共栄圏は日本の財産だ」）が収められているのですが、福田氏の描いた石原莞爾のヴィジョンに関連して深田氏が、ご自身のこんな経験を語っています。

〈当時のフィリピンは、アメリカから「一九四六年には独立させる」という密約をもらっていた。そのためフィリピンの要人たちには、「なにもいま独立する必要はないんじゃないか」という気持ちがあった。それを敏感に察知していたのが石原莞爾で、そこからフィリピンを急いで独立させ、日本は侵攻しないほうがよい、という主張をしているんです。

この先進性に私は非常に驚いて、（略）元大統領の令息で駐日大使も勤《（ママ）》めたラウレル三世に聞いてみたんです。「一九四六年独立が約束されているのに、どうして日本の軍部と結んで独立を焦ったんだ」と。父君のラウレルは独立を焦るあまり、反対派からゴルフ中に狙撃まで受けています。そんな危険を冒してまで、なぜ独立したいと思ったのかと聞いたのですが、これに対しラウレル・ジュニアは色をなして怒った。

「あなたは植民地の人間の心情がわかっていない」と。植民地の人間としては、アメリカの約束は当てにできない。それはフィリピンのそれまでの歴史が証明していて、われわれは何回も独立を約束されたが、すべて実現していない。そういう過去があるから、独立のチャンスがあれば、それこそ悪魔とでも手を握る。だから日本から独立の話が来たとき、何でもいいから独立してやろうと思った。それがあなたにはわからないのか、と叱られたのです〉

## 平和で民主的な日本を食い潰した陸軍の責任

**日下**　それは素晴らしい話ですね。石原莞爾の「戦争指導方針」のようにアジア諸国を次々独立させていったら、敗れたとしても日本の戦後の立場はもっと変わっていたでしょう。昭和十八年（一九四三年）の大東亜会議についてはあとで詳しく述べますが、ここで大東亜戦争の前史について区切りをつけておきましょう。

戦争の原因については「正邪」をもって見るのではなく、ある時点での秩序や利害関係に関して、それを打破したい側と維持したい側の衝突によって起こるものだと述べました。

明治開国から日本がどのように歩んできたか、鳥の目と虫の目の両方で丹念に見たうえでラフに括るとこうだ、という話を上島さんとしてきたつもりです。そして昭和十年代に入って、いよいよどんな決断をすることになったか。

**上島**　日本は中国大陸では、西安事件によって抗日闘争を第一とすることで合意を見た蔣介石の中国国民党と毛沢東の中国共産党を相手に泥沼の戦いを続けていました。各所で戦闘には圧勝しても、それが政治的な決着につながりませんでした。それが蔣介石と毛沢東の狙いで、とくに毛沢東はスターリンの指示を受けて、蔣介石軍と日本軍を戦わせることで双方の消耗を図り、蔣介石を使って日本軍を大陸から追い出したら、そのあと蔣介石を倒して中国全土の共産化を目論んでいました。結果的にはそのとおりになったわけですが、日本はなぜ蔣介石に対しても、毛沢東に対しても圧倒的な軍事力を持ちながら政治的には勝てなかったのか。この場合の勝利は支那事変の早期収拾です。

これができなかったのは、もちろん彼らの巧妙な挑発と、大陸の奥地に日本軍を引き込む戦術がありました。しかしそれと同じかそれ以上に、支那からの撤兵を拒否して自己保存を図ろうとした陸軍の問題があります。満州の権益を守りつつ華北以南には侵攻しないということは選択として可能でした。

**日下**　その視点に立つと陸軍は一九二〇年以降の貧乏生活を脱して臨時軍事費の予算を享受していたので、支那事変を続けることに大賛成でした。「蔣介石少将」と言われましたが、士官学校の成績では中佐か大佐止まりの人が、少将になれて張り切っていました。それが「陸軍の総意」の正体です。総意の代表は東條英機と杉山元で、仲間にばかり気を遣っていました。そして平和愛好勢力にはテロと弾圧だったから、日本人は軍人嫌いになりました。

そもそも日本のために陸軍があるのであって、陸軍のために日本があるのではない。日本を守るための機能集団だったはずの陸軍が、いつの間にか日本という共同体よりも、陸軍という内なる共同体を守るために機能するようになってしまった。国益を考えれば撤兵すべきところを、そんなことをすれば面子が立たないとか、予算が削られるとかで国家の要請を聞かなくなってしまい、「国家のため」という体裁をとりながら続けられた。

意識的にも無意識的にもこの要請は絶対視され、それを押しとどめる力が働かなくなってしまっていたのはなぜかを論ずる人がいないのはなぜでしょう。それは日本人が平和愛好国民で、日露戦争後の軍人の出世と権勢をひどく嫌っていたことを無視するからです。それは日本は軍国主義の国と決めつけるマッカーサーの方針に反するからでしょう。

戦後の日本は外部要因を見ずに国内ばかりに原因を求めるから、単純に「悪かったのは日本」「軍部が暴走した」となってしまう。

戦前の日本が悪かったとすれば、ロシア革命が大きな分岐点でした。日露戦争に勝利した後、日本は独自に民主主義の道を歩み始め、大正デモクラシーはその時期の果実ですが、それがなぜ断ち切られたのか。これまで述べたように、アメリカが日露戦争後、自らが新たに太平洋に乗り出す国として、また中国市場への進出を図るために日本との対決を想定して「敵視」し始めたこと。またスターリンが五カ年計画を繰り返し、強大な戦力を再び満蒙国境に配して日本への圧力を強め、「赤い狐」と呼ばれた工作員を送り込んで、中国人を反日にするべくさまざま画策したこと。

とくにコミンテルンの「皇室廃止」指令や、共産主義に賛同しない人民の大量虐殺（七〇〇万人ともされる）というソ連の脅威に、当時の日本がどれほど危機感を覚えたか。昭和初年あたりから日本はおかしくなったと考えるならば、こうした外的要因によって国内の変化がもたらされたことも、わきまえておく必要があります。

皇室廃止論へのリアクションとして台頭した右翼と、中国大陸における戦争継続によって予算を獲得していた陸軍が結びつくかたちになったことは、かえすがえすも残念なことでした。

共産主義の脅威への対抗とはいえ、平和で民主的な日本を食い潰していった陸軍の責任は、やはりきちんと検証しなければならない。陸軍は機密費を右翼に投じて、不都合な政治家や国民世論を封殺して自らの意見を通していった。濱口雄幸、井上準之助、犬養毅、斎藤実、高橋是清らはなぜ死なねばならなかったのか。

国民がある程度それについていったのは、これまで見てきたように列強の外圧と不景気があったからで、国民の多くがそれを不当なものであると感じていたからです。

山本七平氏の指摘ですが、戦前の陸軍が最も恐れていたのはロシアでもなければ中国でもなかった。彼らが恐れたのは日本の国会だった、と。国会が陸軍の予算を否決すれば、その瞬間から戦争は続けられなくなる。だから陸軍のエリート将校たちは必死になって国会議員と大蔵省を恫喝し、また接待もした。しかし、やがてその必要がなくなったのは、国会議員のほうが、陸軍や右翼のテロを恐れて軍部を批判しなくなり、軍事予算をそのまま承認するようになったからだという。卑屈だった日本人という視点も必要です。

なぜ陸軍は見苦しいほどに軍の利益を追求したかというと、平和な時代に二度の軍縮があって、不遇を託《かこ》ったからです。

そこにアメリカ、イギリスからの圧迫がきて、参謀本部の中は日本必敗論になります。かくてはならじと考えた結果の必勝戦略は昭和十六年の春にようやく御前会議にかけられましたが、考えれば考えるほど実現は困難だと自ら思うので、答えは精神一到何事かならざらんやの精神主義になっていました。

## 日本の庶民こそが真剣に戦った大東亜戦争

**上島**　当時の日本は股裂き状態のようでした。悪名高い治安維持法の制定は大正十四年（一九二五年）ですが、このときの加藤高明首相による護憲三派内閣（憲政会、立憲政友会、革新俱楽部）は普通選挙法も成立させています。この普選法は、収入の多寡に関係なく二十五歳以上の男子に等しく選挙権を与えるというもので、当時としては最も進んだものでした。と同時に、高田、岡山、豊橋、久留米の陸軍四個師団の廃止という大軍縮も行った。

**日下**　ざっくり言えば、「日露戦争を死力を尽くして戦い抜いたにもかかわらず何と無体なことを」という受け止め方を陸軍はしたのでしょう。かくして日本陸軍は議会を〝占領〟したのですが、議会に影響を与えられるようになると、それまでは自らの存在意義を証明するため中国で戦っていたのが、予算が獲得できるならと引き気味になった。毎年三万人もの戦死傷者が中国戦線で出るとは陸軍も大誤算で、「いつ解決するのだ」という国民の怒りも高まってきた。

引き際を考える、あるいはこれ以上戦線を拡大しないという判断ができなくなってしまった。戦争をやめれば潤沢な予算を得る口実がなくなる。ここで陸軍は、先に述べたように日本のための陸軍ではなく、陸軍維持のための陸軍にどんどん傾斜していった。それは海軍も似たようなものでしたが、中国相手の戦争なら負けることはない。ほどほどにいつまでも戦争を続けていられれば、景気も保たれ国民も納得するだろう――そう考えて軍部が担いだのが近衛文麿ということになります。

**上島**　近衛は、昭和十二年（一九三七年）と十五年（一九四〇年）に首相を務め、実質的に日米戦争のレールを敷いた人物と言ってよいと思いますが、彼が二十七歳、大正七年（一九一八年）に書いた「英米本位の平和主義を排す」には、こうあります。

「吾人を以て之を見る、欧州戦乱は已成の強国と未成の強国との争なり、現状維持を便利とする国と現状破壊を便利とする国との争なり。現状維持を便利とする国は平和を叫び、現状破壊を便利とする国は戦争を唱ふ。平和主義なるが故に必ずしも正義人道に叶ふに非ず軍国主義なるが故に必ずしも正義人道に反するに非ず。要は只其現状なるものの如何にあり。

要之英米の平和主義は現状維持を便利とするものの唱ふる事勿れ主義にして何等正義人道に関係なきものなるに拘らず、我国論者が彼等の宣言の美辞に酔ふて平和人道と心得其国際的地位よりすれば、寧ろ独逸と同じく、現状打破を唱ふべき筈の日本に居りながら、英米本位の平和主義にかぶれ国際聯盟を天来の福音の如く渇仰する態度あるは、実に卑屈千万にして正義人道より見て蛇蝎視すべきものなり。……即ち此聯盟により最も多く利する者は英米両国にして、他は正義人道の美名に誘はれて仲間入りをしながら殆ど何の得る所なきのみならず、益々経済的に萎縮すと云ふ如き場合に立ち到らんか、日本の立場よりしても、正義人道の見地よりしても誠に忍ぶ可らざる事なり。故に来るべき媾和会議に於て国際平和聯盟に加入するに当り少くとも日本として主張せざる可らざる先決問題は、経済的帝国主義の排斥と黄色人種無差別的待遇是なり。蓋し正義人道を害するものは独り軍国主義のみに限らず、世界は独逸の敗北によりて硝煙弾雨の間より救はれたりと雖、国民平等の生存権を脅かすもの何ぞ一に武力のみならんや」(『近衛公清談録』)

まさに現状維持派と現状打破派の衝突を時代のなかに見て、日本を前者に位置づけたうえで「英米本位」の現実に異を唱えている。

しかし、このときはまだ日英同盟は破棄されていませんし、日本はその英米側に立って利益を得てもいるわけです。「経済的帝国主義の排斥と黄色人種無差別的待遇是なり」というのは日本の主張として当然だとしても、現状打破をめざす国としての戦略性や、かりに実力行使を伴う場合の倫理的な考慮はいかにあるべきかという天皇の視点がこの論考にはありません。日本はただ野蛮に力を揮《ふる》うことによって現状を打破することは好まない、力の行使には極力道義心に悖《もと》らぬ状況をつくりだす。そんな道筋についに日本は至らないのか、といったら大袈裟かもしれませんが、私が大東亜戦争について、父祖の戦争として常に意識するのがこの視点なのです。

ついでに言えば、私が近衛文麿について残念に思うのは、やはり支那事変の収拾に関して昭和十三年一月十六日、「爾後国民政府（蔣介石）を対手（相手）とせず」の声明を出したことです。駐華ドイツ大使のトラウトマンによる和平工作に石原莞爾も関与していましたが、近衛が声明を出した前日に開かれた大本営政府連絡会議では激論が飛び交っていました。

当時の参謀総長は皇族の閑院宮載仁親王で、実権は参謀次長の多田駿中将にありました。広田弘毅外相が、「中国側の回答文には誠意が見られず」と交渉打ち切りを切り出したのに、多田次長は「この回答文をもって脈なしとせず、脈あるよう図るべきである」と懸命に食い下がるのですが、外相は「長い外交官生活の経験に照らし、中国側の応酬ぶりは、和平解決の誠意がないことは明らか。参謀次長は外務大臣を信用しないのか」と高圧的に出て、これに現地軍の独走を見て見ぬふりの杉山元陸相、さらに米内光政海相も同調したことで多田次長は及ばず、内閣延命をとった近衛によって先の声明が出されたという次第です。

**日下** 近衛文麿は結局のところ、軍部が担《かつ》ぎやすかったのだと思います。近衛の国家運営構想を端的に言えば、軍の革新将校や民間右翼に通底するものでした。左翼とは対照的な位置にいるように見えて、ついに共産主義に対抗する政策を思いつかず、逆に「日本型の社会主義」を追求するようなかたちになりました。近衛とその周辺にいた人たちは、日本経済を官僚統制下に置くことで、世界最先端の経済体制にしたいという国家改造の思いをたぎらせて行動した。その意味では、軍部にとっても、近衛にとっても、戦争は国家改造の手段であった。

近衛はどれほど自覚していたかわかりませんが、確固とした戦争目的も、戦争設計もないままに支那事変、大東亜戦争を戦ったのだとすれば、「なんとバカらしい」と思うのは当然です。しかし、それでも国民が耐えてある程度ついていったのは、国民が無知だったからではない。繰り返しますが、そんな頼りない政府と軍部を内心承知のうえで、それでも英米ソがかけてくる圧力を、不当にして理不尽なものと受け止めざるを得ない現実があったからです。その意味で大東亜戦争は日本国民が、日本の庶民こそが真剣に戦った戦争です。

# 第五章

# 日本は何のために戦い、何を得ようとしたのか

## 大東亜戦争開戦時の「日本人の気分」

**上島**　大東亜戦争の目的は何だったのか。何のために戦い、何を達せられれば勝利といえ、達せられなければ敗北というのか。当時の日本人の気分はどんなものだったのか。

海軍報道班員として徴用された歴史作家山岡荘八が、戦後の昭和四十年代に書いた『小説 太平洋戦争』に開戦時の模様をこう綴《つづ》ったのを読んで、明治生まれの日本人の率直な気持ちなのだろうなあと思いました。

〈思えば長い間の日米関係であった。

嘉永六年（一八五三）の六月三日。ペルリ提督が浦賀にやって来て、日本人をあの幕末維新の大波に追い込んでから約百年間、とにかく日本人は彼らを好意ある先進国として兄事もし尊敬もして来ていた。歴代のアメリカ大統領もまた、彼らが建国の理想として来た自由と正義を抛棄《ほうき》してまで、日本人の信頼を泥土に任すような過ちはあえてしなかった。

ところが、その日本が、人口の過剰になやみ、生きる道を満州の荒野に求めていったことから、はしなくも彼らは、彼らの信奉する「自由と正義」が、白色人種のみの間に通用するもので、有色人種にとっては全く無縁の空語であったことを示して、この日、この時、この反抗を激発してしまった。
したがってこれは一米国と、一日本の戦いと云うよりも、ヨーロッパ文明の内包する、「自由と正義」の利己と矛盾が、はじめて大規模な近代装備を持つ、有色人種の反撃を招き寄せたという、人類全体の歴史の転換期に入ってゆく「夜明けの風」であったのだ……〉

**日下**　この文章に表れているのは、たしかに庶民の気持ちですね。昭和五年生まれの私は十一歳でした。かつて渡部昇一氏と「大東亜戦争とは何であったか」をテーマに対談した折、冒頭、渡部氏が「大東亜決戦の歌」（作詞・伊藤豊太、作曲・海軍軍楽隊）を正確に口ずさんだことを思い出します。

起つや忽ち撃滅の　かちどき挙がる太平洋
東亜侵略百年の　野望をここに覆す　いま決戦の時来る

という一番から始まって、

いざや果たさん十億の　アジアを興す大使命

断乎膺懲堂々と　正義貫く鉄石心　いま決戦の時来る

という四番まで渡部氏は歌われた。日本国民の気分としては開戦当初から〝白人列強からのアジア解放〟があったということですね。

大東亜戦争の開戦の詔書（米英両国ニ對スル宣戰ノ大詔）で、昭和天皇は何と述べられているか。

今や不幸にして米英両国と釁端《キタン》を開くに至る。洵《マコト》に已《ヤ》むを得ざるものあり。豈《アニ》朕が志《ココロザシ》ならむや。

中華民国政府曩《サキ》に帝国の真意を解せず、濫《ミダリ》に事を構えて東亜の平和を攪乱《コウラン》し、遂に帝国をして干戈《カンカ》を執るに至らしめ、茲に四年有余を経たり。幸《サイワイ》に国民政府更新するあり。帝国は之と善隣の誼《ヨシミ》を結び相《アイ》提携するに至れるも、重慶に残存する政権は米英の庇蔭《ヒイン》を恃《タノ》みて兄弟《ケイテイ》尚未《ナオイマ》だ牆《カキ》に相鬩《アイセメ》ぐを悛《アラタ》めず。

米英両国は残存政権を支援して東亜の禍乱《カラン》を助長し、平和の美名に匿《カク》れて東洋制覇の非望を逞《タクマシ》うせんとす。剰《アマツサ》え与国を誘《イザナ》い、帝国の周辺に於《オイ》て武備を増強して我に挑戦し、更に帝国の平和的通商に有《ア》らゆる妨害を与え、遂に経済断交を敢《アエ》てし帝国の生存に重大なる脅威を加う。
朕は、政府をして事態を平和の裡《ウチ》に回復せしめんとし、隠忍《インニン》久しきに弥《ワタ》りたるも、彼は毫《ゴウ》も交譲《コウジョウ》の精神なく、徒《イタズラ》に時局の解決を遷延《センエン》せしめて此の間却《カエ》って益々経済上、軍事上の脅威を増大し、以て我を屈従せしめんとす。
斯《カク》の如くにして推移せんか。東亜安定に関する帝国積年の努力は悉《コトゴト》く水泡に帰し、帝国の存立亦正に危殆《キタイ》に瀕《ヒン》せり。事既《コトスデ》に此《ココ》に至る帝国は、今や自存自衛の為蹶然《ケツゼン》起《タ》って一切の障礙《ショウガイ》を破砕するの外《ホカ》なきなり。

昭和天皇が、米英と戦うことになったことを、「洵に已むを得ざるものあり。豈朕が志ならむや」と述べられたのは、日露戦争開戦の詔書における明治天皇の「今不幸にして露国と釁端を開くに至る。豈朕か志ならむや」と同じですが、大東亜戦争は、「今や自存自衛の為」と受け身です。能動的な戦争遂行という感じはありません。

**上島**　開戦の感激を多くの文学者が日記や作品に綴っています。たとえば詩人の三好達治は、こう謳っています。

ああその恫喝

ああその示威
ああその経済封鎖
ああそのＡＢＣＤ線
笑うべし脂肪過多デモクラシー　大統領が
飴よりもなお甘かりけん昨夜の　魂胆のことごとくは
アメリカ太平洋艦隊は全滅せり！

あるいは伊藤整は、「私は急激な感動の中で、妙に静かに、ああこれでいい、これで大丈夫だ。もう決まったのだ、と安堵の念の湧くのを覚えた。この開始された米英相手の戦争に、予想のような重っ苦しさはちっとも感じられなかった。方向をはっきりと与えられた喜びと、弾むような身の軽さとがあって、不思議であった」と。

マレー沖海戦の勝利の翌日の十二月十日には、在京の新聞・通信八社共催による米英撃滅国民大会が急遽、後楽園球場で開催され、東京日日新聞社賓徳富蘇峰、朝日新聞主筆緒方竹虎、読売新聞社長正力松太郎、報知新聞社長三木武吉らが次々登壇して熱弁をふるっています。

戦後、マスメディアはすべて軍部独裁の被害者だったような顔をしていますが、彼らも緒戦の勝利を喜んだのです。それが率直な国民感情で、彼らはそれを反映し、また煽りもした。

今日、大上段に「国策を誤った」と当時の政府を非難する資格が彼らにあるか。「戦争協力の責任と反省」を口にしますが、戦後、公職追放に遭った文藝春秋の菊池寛はこう憤慨したそうです。

「僕を戦争協力者として追放ナンて、アメリカの恥辱だよ。戦争になれば、その勝利のために尽すのは、アメリカ人だろうが、日本人だろうが、国民に変りなく当然の義務だ。僕はこんな戦争に賛成ではなかったが、始まった以上、全力を尽して敗けないように努めるのは当り前だし、むしろそれを誇りに思っている。僕のようなリベラルな男を追放するナンて、バカバカしいね」（池島信平『雑誌記者』）

## 日本に「戦争論」はあったか、なかったか

**日下**　菊池寛は庶民の気持ちを代弁していますね。

私は小学生でしたが、大東亜戦争は負けると思っていました。飛行機が好きで『航空朝日』を全巻愛読したり、ツテを求めて川西や中島の工場を見学に行きましたが、日本機が

アメリカ機より優れているとはぜんぜん思えませんでした。
大人は空虚なことを言っていると白けただけです。そのとおりだったのは悲しいかぎりです。大人には戦争論も軍事技術を見る目もなかった。では、早く終戦することは誰が考えているのか、と聞き歩くとたくさんいたが、子供にはいろいろ話してくれただけでした。

ここで改めて、当時、世界にあったいくつかの戦争論を整理して、日本に戦争論はあったか、なかったかを考えてみたいと思います。

第一の戦争論は、ソ連が主張した、いわゆる「革命輸出論」で、世界に革命を輸出するための戦争がありました。これは「正戦論」の一つで、レーニンもスターリンも毛沢東もカストロも、マルクス主義に反対する「反革命戦争」は不正の戦いだが、「革命戦争」は正義の戦争であるとして、せっせと輸出した。日本はこれに大変な迷惑を被り、いまも被り続けています。

第二の戦争論は、アメリカが主張した戦争論で、「民主主義と自由主義を守る」戦争です。この場合、敵は全体主義になります。第二次世界大戦に際して、アメリカはドイツと日本とイタリアが全体主義国だと決めつけましたが、全体主義という「主義」が敵なのだから、本来、戦うべき相手は国家ではないはずですが、ルーズベルトもチャーチルも感情的になっていたので、相手国の国民にも自由主義者がいることを忘れていた。先の菊池寛の憤慨は、これですね。

米英側でも、たとえば冷静な駐日米大使ジョセフ・グルーは、「日本にも和平派と戦争派と二つある。和平派が落胆しないような外交をすべきだ」と主張して日米関係の悪化を押しとどめるべく努力した人物もいましたが、それは活かされなかった。

第三の戦争論は、「領土回復戦争」です。ドイツは開戦に踏み切る前、「第一次世界大戦前のドイツの領土を返してくれ、ベルサイユ条約の取り決めはひどすぎるではないか」と主張していました。

ベルサイユ条約によって、ドイツは軍備の過剰制限と膨大な賠償金の支払いを要求され、領土も狭められた。ヒトラー政権の成立は昭和八年（一九三三年）一月で、その二カ月後にフランクリン・ルーズベルトがアメリカ大統領に就任しました。

ヒトラーは軍隊を再建し、賠償金の不払いを宣言した。残るは領土問題で、領土返還を要求しましたが現状維持派の各国から受け入れられず、ポーランド侵攻には英仏から宣戦布告を受けました。ドイツがしたのではありません。開戦に際し、ヒトラーは「ベルサイユ条約以前のドイツに戻すために戦う」と、世界に向かって演説しました。

実はそれを聞いた英米人の中にも、「ドイツの言い分はもっともだ」という人はたくさんいたのです。経済学者のケインズも、「ドイツにも相応の地位を与えねばならない。とくに賠償金をせしめるのは酷である。賠償金を獲《と》ると、ドイツはそのうち怒りだすから、世界のためにはならない。イギリスのためにもならない」と語っていました。ドイツの戦争論に同情する人は少なくなかったのです。

イギリス首相のチェンバレンがその代表で、ミュンヘンにおいてヒトラーと話し合いによる解決を図りました。

**上島**　今日《こんにち》、極めて評判の悪い「宥和主義」ですね。

**日下**　そうです。それが、チャーチルが首相に就いてからは開戦論が勝ちます。ヒトラーを増長させた、と。たしかにヒトラーは領土回復以上の積極行動をしましたから、チェンバレンは甘かったのかもしれないけれど、チャーチルが宣戦布告をしたから、それを受けて戦い続けるうちにヒトラーの戦争目的が拡大したということもあるわけです。ただし拡大したのはソ連に対してであって、当初、イギリスに対しては防御に徹していた。あのとき戦争熱心なのはイギリスのほうでした。

日本ではチャーチルの人気が高いが、第一次大戦も第二次大戦もチャーチルの野心とそのゲーム感覚ゆえに起きたという見方があることを日本人は知っておくべきです。

第一次大戦の経緯から言えば、そもそも海軍大臣時代のチャーチルがドイツを〝挑発〟

したことが、ウィルヘルム二世にイギリスに対抗するための軍艦建造を決意させたとも言えるのです。

チャーチルは、イギリスは常にドイツよりも多くの軍艦を建造すると大演説をし、さらにドイツは戦争を準備しているから、いま戦わなければイギリスは負けると危機感を煽った。小説のような未来戦争日誌を書いて配ったりもしました。ドイツの将来の動きを予測し、それにイギリスがどう対抗すべきかを説いて戦争の機運を高めたのです。ウィルヘルム二世と会うことを勧められてもチャーチルは応じず、戦争を待ち望む者であるかのごとく常に宥和主義に反対し、ドイツに対抗していった。

第二次大戦も同じで、ヒトラーを稀代の悪魔に仕立てると、ヒトラーからの和平提案はすべて断り、ヒトラーと戦う英雄として自分を演出しました。そして第二次世界大戦が終わると、今度は「鉄のカーテン」という言葉をつくり、「次の敵はスターリンだ」と旗を振ったのですが、さすがに三回目ともなると、イギリス国民にも彼にイギリスの命運を委ねようという機運は高まらなかった。

チャーチルのすごいところは、戦争指導者は〝正義の戦い〟の演出にも勝たなければならないということを理解し、それに勝利し続けたことです。きわめて宣伝が巧みであるとされたヒトラーも、最終的にチャーチルには勝てなかった。それが大幅に欠けていた日本は、戦争に負けたうえに正義の演出でも惨敗してしまった。

ここで第四の戦争論について述べると、これは現状維持のための戦いです。「平和のための戦い」を自称し、一歩も譲歩しない。そのため相手から発砲されても望むところだというのは、自分は強大だと信じているからで、弱い敵は早目に威嚇《いかく》する。実際に銃弾、砲弾を用いる前に経済的な攻撃を仕掛けるのです。

第二次大戦に際してイギリス、アメリカが主張した戦争論の中味が、実は民主主義対全体主義という衣装をまとっても、本音は彼らの現状維持であることがわかります。平和のための戦いだから、相手は当然平和を乱す悪者で、したがって譲歩の必要はないとなる。とことん追い詰めろ、となる。

それからもう一つ、利益の追求は無限大だとする第五の戦争論があります。各国を戦わせ自分は資金を融通して利益を得るという金融戦争です。いまがそれです。世界最大の債権国になった日本がこの第五の戦争をしないので、二十一世紀の世界は平和です。この視点に立つと、これまで国と国の戦争と思っていたのは、実は「国際金融資本」がつくった戦争だとわかります。大東亜戦争の正体もこれですが、この話は後にします。

では、当時の日本はどんな戦争論を持っていたのか。

実は、日本に戦争論はなかったというのが私の見方で、これが第六の戦争論です。あえて身も蓋《ふた》もない突き放した言い方をしますが（笑）、日本の本音は、アジアの一隅でいまでどおりの生活を維持したいと願っていただけだった。白人列強の専横に怒りを感じてはいても、アメリカやイギリス本国を相手にトコトン戦う気など、最後の瞬間までなかった。

日本が求めたのは、勤勉と輸出による〝そこそこの生活〟で、アジアの一隅に自分のための四畳半を維持したい、少し大きくして六畳間ぐらいは欲しい、と思っていただけだった。

ところが、人口が増えた。それまでは余剰人口を移民としてアメリカに出していましたが、突然、割り当て制になって止められてしまった。「白人ならいいが、黄色人種、なかんずく日本人は受け入れない」と言われたから、国内に若者が溢れ出した。そこで満州へ出したわけですが、これは目論見どおりにはいかなかった。

## 〝不良債権〟の韓国や満州より国内を充実させるべきだった

**上島**　石原莞爾は未来の日米決戦のための国力充実と、ソ連を抑えるための勢力圏を考え、松岡洋右も戦略的、経済的に「満蒙は日本の生命線」と唱えました。日露戦争後に日韓併合を含め日本の権益圏が広がったことは、果たしてよかったのかどうかという考察はたしかに必要だと思います。

満州が日本の存亡がかかった地域だとするならば、そこから資源や物資を得られる期待と同時に、いかなる負担も覚悟で守らなければならないという逆説を抱えることになります。

実際に日本が満州への入植を進めたのは、昭和恐慌からの脱却の一つの手段でした。日本は金の輸出禁止措置をとったので円相場が下落し、円安に助けられて輸出を増加させることができましたが、アウタルキーの可能なアメリカやイギリスはこれに対抗して、ブロック経済を構築した。本国と植民地との間の貿易では非課税にする一方、それ以外の地域との貿易には高関税をかけて安い商品の輸入を阻止する。先に触れたように、そうなると輸出で経済を立て直した日本は窮地に立たされる。

いきおい日本も独自の経済圏を築く方向に行ったのはやむを得ない。日本・満州・支那による日満支ブロック経済の構築を図ったわけですが、日本以外は経済基盤が脆弱で日本の援けにはならなかった。むしろ日本は持ち出しを続けました。

**日下**　そうです。石橋湛山が言っていたように、韓国や満州は、いわば不良債権だったから、日本国内を充実させたほうがよかった。

不良債権という意味は、日本の巨額の対外投資は、①投資効果が低い、②回収見込みが危うい、③国内投資のほうが有利、④回収努力が外交問題化する、⑤国際問題化もする、というもので、たしかにそのとおりだった。

ただ石橋の議論で抜けているのは「雇用」の問題です。投資を国内に振り向けても輸出が拡大しなくては雇用問題の解決にはならないし、回収もできませんが、既述のごとく日本の輸出は当時、世界のあらゆる市場においてアメリカおよびイギリスによって妨害されていた。

安くて良いものをつくれば売れるという自由貿易にはなっていませんから、日本の人口過剰は商品輸出ではなく、人口そのものの輸出に向かわざるを得なかった。海外移住する日本人に資本と技術をつけて送り出す当時の国策は、アメリカの日本叩き政策の結果でもあったわけです。

そこで石橋湛山はこう言います。

「そのとおりだが、大陸進出に対して中国は反発し、アメリカはそれに同情する。ただでさえ日本の輸出を締め出そうとしているアメリカは一層の保護貿易に走る。日本の生きる場所がさらになくなる」

これはそのとおりになりましたが、ではどうすればアメリカが自由貿易に応じてくれるか、という答えを石橋湛山は語ってはいません。今日、「日本は国策を誤った」と言う学者も同様です。

**上島**　こうした経済的な締めつけは、まさに日本の生存を脅かすものでした。人口増加のほかに輸出を締めつけられたことも、日本が戦争に踏み切った理由の一つで、まさに「自存自衛」のためでした。

**日下**　当時の日本は、繊維製品を輸出して稼いだお金で原材料と機械を買っていました。ところが、関税障壁でアメリカ、カナダ、それから南米までが日本製品に高い関税をかけた。政治的、軍事的に支配しなければ商品の輸出もできないと日本人に思わせたのは、アメリカの保護貿易が原因で、「自由貿易をアメリカが維持する」と言えば日本は戦う必要がなかった。

## 米側の意図を見抜けずに焦燥するばかりだった日本

**上島**　日本が開戦の決意をするに至った最大の理由は、昭和十六年（一九四一年）十一月にアメリカの国務長官コーデル・ハルが日本側に突きつけた「ハル・ノート」で、そのあまりに挑発的、非妥協的な内容から、日本政府はこれをアメリカ政府の最後通告と認識し、「自存自衛」のための開戦という覚悟を固めさせたというのが一般的な受け止め方で、そのとおりだと思いますが、同年八月一日、アメリカが主導してイギリス、オランダも加わっての対日全面禁輸措置が、日本人に対して死ねというのも同然の効力を持っていました。

**日下**　石油禁輸措置によって「戦うなら今しかない」と日本人は精神的に追い詰められ、「ハル・ノート」はとうとう日本人に堪忍袋の緒を切らせた。たしかに「満州国と汪兆銘政権の否認」「支那や仏印からの即時全面的無条件撤兵」「日独伊三国同盟の廃棄」を要求したハル・ノートについては、東京裁判でインドのパール判事が、「こんなものを突き付けられたらモナコやルクセンブルクといえども銃を持って立ち上がるだろう」という、あるアメリカ人の言葉を引いてその非を指摘したほど特異な外交文書でした。

今日では「ハル・ノート」を実際に作成したハリー・ホワイト財務次官は、ソ連がルーズベルト政権に送り込んだスパイだったことが判明していますが、当時の日本政府はそれを知るはずもなかった。

ハル・ノートの衝撃は、昭和十六年十一月一日の大本営政治連絡会議で、「日本が臥薪嘗胆で行く場合、米国が攻撃してくるとは思われぬ」と訴えた東郷茂徳外相ですら、「米国政府に対日交渉への熱意なし。唯日本に全面的屈服を強要するもので、（これを受け入れることは）日本の自殺に等しい」と憤慨させるものでしたが、もはや妥協の余地なしと開戦に踏み切ったのは、心情的には理解しても反撃の手段としては単細胞だったと思います。

「バランス・オブ・パワー・ポリシー（勢力均衡政策）」を説いたハンス・ヨアヒム・モーゲンソーは、「日本は軍国主義国家で、天皇を神だと思っている野蛮な後進国であるから叩き潰すのが正義だ」といきり立つアメリカにあって、「正義などと大袈裟なことを言うものではない」と、たしなめた国際政治学者です。

モーゲンソーの考えは、アメリカには十分な国力があるから、その正義は実現するだろうが、やがて進みすぎて手に余るようになる。むしろ現実主義の勢力均衡政策こそが歴史の現実であり正解なのだ、というものでした。彼はこれを「リアル・ポリティーク（現実外交）」と呼びました。

モーゲンソーは大著『国際政治（Politics Among Nations）』のなかで、「進めば著しく困難が増し、退けば著しく面子を損なうような場所に指導者は国家を導いてはならない」と説いています。

要するに、いつでも方針転換ができるように転進先、あるいは退路を用意しておけということで、「国家の指導者は、国として後に引けなくなるような正義を振りかざすな」ということですが、このモーゲンソーの現実主義は、「明白なる天意」を掲げるアメリカになかなか定着しない（笑）。

こうした視点からすれば、ハル・ノートを突きつけたアメリカも、それに激怒した日本も、どちらも「進めば著しく困難が増し、退けば著しく面子を損なうような場所」に自ら嵌《は》まり込んでしまったわけで、アメリカは狡猾な戦略を練ったつもりでも、その後の東西冷戦の膨大なコストを考えれば、共産勢力と戦前から戦っていた日本を敵にするという誤りを犯したわけです。

**上島**　ハル・ノートに至って卓袱台《ちゃぶだい》をひっくり返した気分はわかりますが、ここで対米交渉の経緯を簡潔に振り返っておきましょう。

開戦間際の昭和十六年十一月下旬まで、日本政府は和平を望む昭和天皇の強い意向を受けて、粘り強く対米交渉を続けました。とくに同年八月には近衛文麿首相が事態打開のためルーズベルト大統領との直接会談を強く望み、駐米大使の野村吉三郎を通じてハル国務長官にその実現を懇請したものの、ハルの回答は「大統領は暑中休暇のためワシントンにはいない。日本の政策に大きな変更のない限り、これを大統領に取り次ぐ自信はない」というつれないものでした。

**日下**　ではそのときルーズベルトは何をしていたかというと、彼はかねて計画していたチャーチルとの洋上会談のために、大西洋上にヨットを駆っていた。ルーズベルト・チャーチル会談は八月四日から大西洋上で極秘裡に行われ、両者の間では、日本に対し英米両国が並行して最後通牒的な行動をとることが約されました。

チャーチルは帰国後、「日米交渉の成功は希望するが、もしそれが失敗したら、我々は躊躇することなくアメリカ側に味方して起たねばならぬ」と述べ、アメリカはいつ欧州の大戦に参戦するのかという英国民の問いに対し、「アメリカはすでに行動している。誰よりもヒトラーが、それをよく知っている」と明瞭に答えています。

**上島**　ちなみに、このとき二人は大西洋憲章に署名しています。その憲章には「領土不拡大」「通商・資源の均等開放」などと並んで「民族自決の原則」が謳われましたが、チャーチルは民族自決の原則はイギリスの植民地には適用されない、インドやビルマは例外だとイギリス国会で答え、ルーズベルトもそれに異は唱えてはいません。アメリカの「門戸開放」「機会の均等」と同じで、有色人種にそれを適用するかどうかの保証はなかった。

**日下**　チャーチルは、とにかくアメリカの参戦の約束を確認したかったのです。それこそが欧州の運命を決すると見て、ドイツとの開戦以来、ルーズベルトに執拗な嘆願を繰り返していましたし、ルーズベルトもまた第二次大戦に参戦の肚《はら》を決めてはいましたが、一九三九年（昭和十四年）九月のドイツのポーランド侵攻によって戦端が開かれた欧州戦線への参戦に踏み切れない第一の理由は、先に触れたようにアメリカ国内の圧倒的な参戦反対の世論でした。

三期目の大統領選にあたって「今次大戦には参戦せず」と公約とした彼にとっては、米国民の反対意志をいかにして参戦に誘導するか、そのための切っ掛け、日本の戦争への〝釣り出し〟が必要でした。

**上島** 米側の意図を見抜けず焦燥するばかりの日本では近衛退陣の後を受けた東條英機首相が、昭和天皇の再度の意向に添って、九月六日の御前会議で決まった「帝国国策遂行要領」（十月上旬までに対米交渉の成果が得られない場合は戦争を決意する）の再検討を行いました。十一月一日の大本営政府連絡会議に付されたのは、
（一）戦争することなく臥薪嘗胆する。
（二）すぐに開戦を決意し戦争により解決する。
（三）戦争決意の下に作戦準備と外交を併行させる。
の三案で、参謀本部は第二案、陸軍省と海軍中央部は第三案でした。討議では、賀屋興宣蔵相が現状のままの臥薪嘗胆を支持、東郷茂徳外相も「日本が臥薪嘗胆で行く場合、米国が攻撃してくるとは思われぬ」と述べて臥薪嘗胆案を支持しました。

しかし、鈴木貞一企画院総裁が物資の面から臥薪嘗胆の不可能であることを説明する

と、臥薪嘗胆案は「戦わずして米国に屈するの外なきに至る」となり、結論として第三案がとられることになったわけです。

問題となったのは外交交渉の期限と交渉内容でしたが、交渉期限は十二月一日午前零時と決定され、交渉条件についてはそれまでの「日米了解案」の線に沿った甲案、日米が南部仏印進駐または資産凍結前の状態に復帰する乙案とが準備され、日本としてはともにアメリカの要求に対してギリギリの譲歩を含む内容でした。

結果的にアメリカは日本側の甲案・乙案ともに顧みることなく、十一月二十六日、新たに「ハル・ノート」を日本に突きつけてきたという次第です。

山岡荘八の筆は、〈(昭和十六年の)四月から八ヵ月間、文字どおりジリ貧のお預け平和の餌に釣られて、こちらが期限を切った十二月一日から五日前というギリギリの土壇場で、あっさり戦争の中へ投げ出されてしまった〉(『小説 太平洋戦争』)と日本外交の敗北を記しました。

## ハル・ノートの内容を世界に示せばよかった

**日下** しかし私は、この時点でもアメリカに外交的な反撃、あるいは非戦の時間稼ぎをする手段は十分あったと思います。時の連合艦隊司令長官山本五十六は、手塩にかけてつくった海軍航空部隊の対米優位はあまり長く続かないと、この時点では正確に見通していました。昭和十八年（一九四三年）秋にグラマンＦ６Ｆが登場するまでの優位でしたが、それまでに二年間あったわけです。

したがって、その二年間の優位を活用すべく、まず外交的な反撃としてハル・ノートの内容を世界に示すという手がありました。戦争をするなら、なおさらでした。ところがそれをしていないので、いまだにアメリカには「俺たちはそんなものを日本に突きつけたのか」という事実を知らない人たちが多い。だから交渉中に突然日本は攻撃してきたと思っている。これは日本の宣伝不足です。それをしておけば「宣戦布告をしないで攻撃してきた卑怯者」というレッテルを貼られることはなかった。

**上島**　昭和三年（一九二八年）に結ばれたパリ不戦条約を使う手もありましたね。パリ不戦条約は第一次大戦を経験した国際社会が、国際紛争を解決する手段として、締約国相互での戦争を放棄し、平和的手段によって紛争を解決することを規定した条約で、初めフランスとアメリカの協議から多国間条約につながったことから、当時のアメリカ国務長官フランク・ケロッグと、フランス外務大臣アリスティード・ブリアン両名の名にちなんでケロッグ＝ブリアン条約とも言われます。米英独仏伊日といった当時の列強一五カ国が署名し、その後、ソ連など六三カ国が署名しました。

ちなみに、この条約の第一条と第二条はこんな内容です。
○第一条　締約国ハ国際紛争解決ノ為戦争ニ訴フルコトヲ非トシ且其ノ相互関係ニ於テ国家ノ政策ノ手段トシテノ戦争ヲ放棄スルコトヲ其ノ各自ノ人民ノ名ニ於テ厳粛にニ宣言ス
○第二条　締約国ハ相互間ニ起ルコトアルヘキ一切ノ紛争又ハ紛議ハ其ノ性質又ハ起因ノ如何ヲ問ハス平和的手段ニ依ルノ外之カ処理又ハ解決ヲ求メサルコトヲ約ス
どこかの国の憲法九条に似ていますが（笑）、それは措《お》くとして、この不戦条約は、侵略の定義のほかに多くの不明確な点を含んでいて、あらゆる戦争を禁じる効力を期待する国はありませんでした。

たとえばアメリカは条約批准に際し、自衛戦争は禁止されていないとの解釈を打ち出し、自国の勢力圏と見なす中南米に関してはこの条約は適用されないと宣言しました。

さらに米英両国は、自国の利益にかかわることであれば国境外で軍事力を行使しても、それは侵略ではないとの留保を行っています。興味深いのはケロッグ国務長官の条約批准の是非を審議する議会での答弁です。

概略ケロッグは、「戦争が出来ない条約ではなく、侵略戦争を防ぐための条約である」

と答え、侵略戦争の定義についても、「他国が軍隊をもって国境を越え攻めてくることだけが侵略ではなく、経済的に重大な被害を受けることも侵略に晒されたことになる」と述べ、侵略に対する自衛戦争は認められると断言しました。イギリスも同様の考え方でした。

このケロッグの解釈を日本に当てはめれば、当時のＡＢＣＤ包囲網、石油の全面禁輸のような経済封鎖も「侵略戦争・戦争行為」に当たります。日本経済、国民生活がアメリカからの石油輸入に依存していたことを考えれば、繰り返し述べてきたごとく、日本が米英との開戦に踏み切ったのは、「自存自衛」のためと言って詭弁ではないのです。

日本は米英他から甚大な被害を受け、ケロッグの定義にしたがえば、日本はすでにアメリカとの戦争状態にあった。したがって、自衛のための軍事力は行使できる、ということです。

昭和十六年十二月九日に「恭しく宣戦の大勅を奉戴し、茲に中外に宣明す」で始まる「大日本帝国政府声明」が発表され、そこに「凡そ交戦関係に在らざる国家間における経済断交は、武力に依る挑戦に比すべき敵対行為にして、それ自体黙過し得ざる所とす。然も両国は更に余国誘因して帝国の四辺に武力を増強し、帝国の存立に重大なる脅威を加ふるに至れり」という一文があります。

パリ不戦条約を踏まえて米英の非を訴えたものと思われますが、これを昭和十六年八月一日の対日石油禁輸措置が決定されたとき、あるいはその少し前の七月二十五日、在米日本資産の凍結令が公布されたときにでも、世界に向けて広く発信しておけなかったものかと思います。

この見解の表明は、戦後の一九五一年五月三日、米上院軍事外交合同委員会で行われたアメリカの極東政策をめぐる公聴会でのマッカーサー証言と符合するものです。

「日本は絹産業以外には固有の産業はほとんどない。（略）綿がない、羊毛がない、石油の産出がない、錫がない、ゴムがない、その他実に多くの原料が欠如している。もしこれらの原料の供給を断ち切られたら、一千万から一千二百万の失業者が発生することを彼ら（日本）は恐れていました。

したがって、彼らが戦争に飛び込んでいった動機は、大部分が安全保障（自衛）の必要に迫られてのことだった」

戦前も戦後も米英への反論、日本の立場を主張する論拠は、いくつもあったわけです。

## 「日本の侵略的態度の結果」という史観は単細胞にすぎる

**日下**　もう一つ、事態を打開するためにハル・ノートを受け入れると回答する手もありました。ハル・ノートには、支那からの日本軍の全面撤退が要求されていましたが、日程については期限が付されていなかった。

「いつまでに」という厳密なものではなかったのですから、日本は撤兵を表明して、実際には引き延ばせばよかった。支那大陸は広く、日本軍は輸送車両を欠いているので、即時を望むなら貴国からの大量の車両提供を期待するとか返事をしてもいい（笑）。不謹慎に聞こえるかもしれませんが、外交交渉とは一種のゲームなのです。その感覚で相手を揺さぶって自らの望むところに誘導する。

とにかく日程が付されていないということは、法的には何の拘束力もないのであって、アメリカは本気でそれを望むというより、生真面目な日本人を揺さぶって堪忍袋の緒を切らせたいだけだった。ユダヤ人の常識では期限が書いていない約束は守らなくてもよいのだと山本七平氏は言っていた。

だから、このときハル・ノートの内容を直ちに世界に向けて公開する手があったというのが私の考えです。パール判事が指摘したとおり、帝国主義の時代においてもアメリカの要求は限度を超えるもので、「これはあまりに理不尽ではないか」「一方的ではないか」という国際世論、〝空気〟を醸成する努力はしてみるべきでした。堪忍袋の緒を切るのは、それからでもよかった。

開戦を望んだアメリカ側の意図の傍証としては、イギリス軍需生産相のオリバー・リットルトンが、戦時中の一九四四年（昭和十九年）六月二十日、ロンドンの米国商業会議で「米国が戦争に追い込まれたということは歴史の改作狂言である。米国が、日本をして次のごとき限界まで追い込んだからだ。すなわち日本人は真珠湾において、攻撃するのを余儀なくされるまで、アメリカに強圧されたのである」と述べているほか、当事者としてマーシャル米陸軍参謀総長が、戦後の一九四六年四月九日の上下両院合同調査委員会で、「ハル・ノート」の手交前日にルーズベルトのもとで開かれた戦争諮問委員会（ハル国務長官、スチムソン陸軍長官、ノックス海軍長官、スターク作戦部長らが出席）について、「アメリカ側から先に攻撃を開始すれば国論は分裂の恐れがあったから、外交の手続き上で、日本をして先に手出しをさせる必要があった。それではどういう手を打つべきかについては、ハルが大統領のために準備すべきであると決定された」と証言しています。

**上島**　日本を戦争に引きずり込んだとするルーズベルトの陰謀説は今日さまざまな書物が出ていますが、アメリカ大統領が国内的には参戦反対の議会対策と、厭戦だった国民を立ち上がらせ団結させるために劇的な効果を期待し、チャーチルの要請に応えてイギリスを助けるために日本に先に攻撃させるのが望ましいと考えられる状況にあったのは間違いない。細部にわたってそのための準備をしたという完全な証明はできないにせよ、またかりにそれができたとしても、ルーズベルトの罠にかかって戦争に突入したというのは日本にとって名誉な話ではないのですが、戦後の日本人が思い込まされている「日本の侵略的態度の結果」というのは単純にすぎます。

当時、共和党の下院議員だったハミルトン・フィッシュは、次のように述べています。

「確かに日本は、宣戦布告のないまま四年間にわたり中国と戦争状態にあったが、同時にソビエト・ロシアがフィンランド、ポーランド、およびバルト諸国を侵略していたのも事実である。アメリカは、このソビエトの行動に対しては何ら対処しないばかりか、その後、同国と同盟を結ぶに至った。しかしながら、その一方で日本は、自国軍の中国（満州を除く）およびベトナムからの撤退を約束し、南下しないことに合意する用意があった。日本のような強力な国家に対し、米国はこれ以上何を要求できると言うのか。天皇および近衛首相は、平和を維持するために、信じられないほどの譲歩をするつもりでいたのである」（『日米・開戦の悲劇』ＰＨＰ研究所）

**日下**　石油も輸出してくれない。日本は締め出される。にもかかわらず、こちらはお人好しというか妙な理想主義を抱いているから、開戦後もいつかアメリカは善意の国に立ち返るのではないかという期待をどこか持っていた。

物事を心情的に理解しようとする日本人は、相手の悪意、敵意を明確には認識できないまま、迷いつつ戦争を続けたというのが、当時の心象風景としては最も当たっているような気がします。

だから、「東亜侵略百年の野望をここに覆す」とか、「大東亜を米英の桎梏《しっこく》より解放する」とか叫んで自らを鼓舞する必要があった。

「東亜侵略百年の野望をここに覆す」という決意は、開戦したからには国民を励ます歌の文句だった。

国民には、幕末明治からの先人たちの苦闘のおかげで、日本は白人列強の野望の手酷い餌食になった経験がほとんどありません。その実感に乏しかった。それからインド人や支那人が白人の列強諸国にどんなにひどい目に遭わされたかは、具体的に教えられませんでした。

当時は、白人との友好親善を害すると思って遠慮したのかもしれませんが、ここでもあえて突き放して言えば、将来白人クラブに入れればそれでよいと考えた日本人もいた。全体として白人に対する敵対感情、有色人種としての復讐感情は薄かった。

**上島**　日本が人種差別打破のために立ち上がっても、それについて来られる有色人種の国がなかった。その孤独のなかで、やはり日本人の心も揺れ動いたのだと思います。日本人は、近代西欧と遭遇し、人種差別は議論する問題ではなく実力をもって打ち破ってゆくしかないと認識した。不平等条約の改正も日清戦争に勝つまで待たねばならなかった。だからこそ明治開国以後、必死になって力をつけようとした。

**日下** 有色人種が実力をつければ、人種差別は自然に消える。そして日本は、その理想は実現できると信じた国です。

しかし残念ながら、日本が達成したことを祝福した他の有色人種の国は少なく、またそれを笑顔で迎えた白人の国はありません。前者からは嫉妬され、後者からは不快感と敵意を浴びせられた。それでも、有色人種の誰かが立ち上がって実力で打ち破らないかぎり、人種差別は終わらなかった。

## ドイツの戦勢をもう少し見極めれば別の戦争設計があり得た

**上島** 功利と利他の間で日本人は苦悩しつつ歩んできた。開国以後の対外戦争の目的のなかに常にその背反があったと思います。

**日下** マルクス主義の「革命戦争」とは違うけれども、日本人には自らの宿命と感じた思想がありました。言葉としては「八紘一宇」でもいいのですが、国家の「生存」にそうした思想を懸けた戦争になっていた。これは必然的に戦争目的を複雑にするわけで、戦争ごとに「勝利」の定義をどうするか、目的達成のための手段をどうするか等々、日本は初めからシンプルな戦争はできなかった。

問題だったのは、大東亜戦争では政治と軍事の指導者がスローガンに終始して、そうした複雑さをわきまえたうえでの戦争設計が必要だと真剣に考えなかったことです。少なくとも日露戦争では、何をもって日本の勝利と見なし、どの時期に終戦とするかの考えがありました。大東亜戦争にはその議論はあっても、最後の最後まで緻密な統率力と責任感をもって事に当たった指導者があまりにも見当たらない。

だいぶ前になりますが、元大本営参謀で戦後は伊藤忠商事の幹部だった瀬島龍三さんに、開戦前夜の大本営の様子について質問したことがあります。

昭和十六年六月からソ連に攻め込んでいたドイツ軍が九月二十四日にはレニングラードに達し、さらに進撃していたのが十一月二十六日にモスクワの前面五〇キロというところで大寒波に襲われて停止した。それは大本営もわかっている。ただ大本営は「この冬が明けて来年春になれば、また攻撃再開でモスクワは陥落する」と考えていた。

「大本営は本当にそう思っていたのですか」と瀬島さんに訊くと、「思っていた」と。その頃、「ドイツはもうダメだ」という駐在武官の報告が各地から来ていました。駐英大使だった吉田茂もそう見ていた。にもかかわらず、ベルリンからの報告だけを信用した。

さらに瀬島さんに「もしドイツはこれでストップだと判断したら、それでも日本は十二月八日の開戦を決意しましたか」と訊くと、

「日下さん、絶対そんなことはありません。私はあのとき大本営参謀本部の作戦課にいましたが、ドイツの勝利が前提でみんな浮き足立っていたのであって、ドイツの進撃が止まったと聞いたなら全員〝やめ〟です。それでも日本だけは戦うなんて人はいません。その空気は、よく知っています」

という答えでした。

大本営はドイツの勝利を前提に大東亜戦争の設計をしたとしたら、ドイツ進撃の「バスに乗り遅れるな」は大失敗で、ドイツの戦勢をもう少し見極めていたら米英とは戦わないという選択を含めて別の戦争設計があり得たのです。他者の動向を当てにして、あるいは勝手に何かを期待してこちらの行動を先に決めてしまうのは、知性がありません。

私は開戦の理由として、この瀬島氏の答えが一番よいと思っています。場所は陸軍士官学校と航空士官学校合同のＯＢの会食会で、私は講演を頼まれて会長である瀬島さんの隣に座っていました。

いろいろ公表された文書から考えて論ずる人がいますが、私はこの話が一番よくわかり

ます。というのは、冷静に戦争の予測を立てれば、日本が必敗になることは昭和十六年春の御前会議でもうわかっていました。あとは精神論でアメリカの弱点と日本のガンバリズムを数え上げるか、またはドイツが勝ってくれるのを期待するかしかありません。

当時は、日本人は神社を参拝して皇国の勝利を祈願していましたが、ホントの中身は「ドイツの勝利」であるべきでした。小学生の私は『航空朝日』という月刊誌で世界の軍用機の写真を見て、日本とドイツのエンジンは一〇〇〇馬力なのにアメリカのは二〇〇〇馬力の試作機がたくさん出ているのを見て、数年後は負けるのではないかと心配していました。

で、航空機製造の関係者に「日本にも二〇〇〇馬力のエンジンがあるかと聞いて回ると、中島飛行機の人だけが「あるよ。誉と言うんだよ」と教えてくれました。誉の試運転用のキセルの雁首のようなコンクリート製のものは東京の田無にあって、私のいた中学校に向かって轟音を吹きつけていました。「二〇〇〇馬力にはちょっと不足だけどね」と工員が教えてくれました。三菱には爆撃機用の火星というのがあるとも子供には教えてくれました。

その二十年後、私は友人とブーゲンビル島の山本五十六が撃墜された現場へ行き、一式陸攻に装備された火星に対面しました。「三菱航空機大江工場　昭和十七年十二月製造」

とプレートに書いてありました。撃墜されたのは昭和十八年の四月です。「生まれたる月と日しるせしプレートを見せて静かにくちる飛行機」です。二〇〇〇馬力で四発にしていれば……というのが軍国少年だった私の感想です。

日本軍は昭和十八年までは勝てる飛行機とアジアだけで通用する軍備を持って立ち上がったのです。上層部は出撃命令を乱発しただけでした。

# 第六章

# 優位戦思考があれば日本は勝てた

## なぜインド独立運動とインド人の反英蜂起に注力しない？

**上島**　米英との戦争に突入した日本軍は電光石火の攻撃でした。逆説的になりますが、緒戦の大きな戦果がその後の迷走をもたらしたと言えます。勝利の輝きに目がくらんで油断し、いかに戦争を収拾するかという肝心の到達点を見失うことになりました。

昭和十六年（一九四一年）十二月八日の真珠湾奇襲、十日に海軍航空部隊がマレー沖で英国東洋艦隊の新鋭戦艦プリンス・オブ・ウェールズ、高速戦艦レパルスを撃沈し、日本海軍はインド洋、西南太平洋の制海権を掌握します。陸軍南海支隊と海軍陸戦隊がグアム島を占領。海軍陸戦隊はほかにギルバート諸島タラワ、マキン島を占領。第一四軍（本間雅晴中将）の先遣部隊はルソン島北部のアパリ、ビガンに上陸を開始。十二日、「今次の対米英戦は支那事変をも含め大東亜戦争と呼称す」と閣議決定されました。十三日、香港の九龍地区を占領。日本国民は重苦しい圧迫感から解放され、大勝利に酔いました。

真珠湾奇襲に始まり、ラバウル攻略作戦、オーストラリアのポートダーウィン爆撃、ジャワ作戦と勝利を重ねる南雲中将の第一航空艦隊は、艦載機の性能、搭乗員の士気、練度の高さなど、たしかに当時世界最強の空母機動部隊でした。

翌昭和十七年（一九四二年）三月二十六日、第一航空艦隊は、連合国がインド経由で中国の蔣介石軍への軍事物資の輸送路になっていた〝援蔣ルート〟遮断を目的とした陸軍部隊のビルマでの作戦を支援するためインド洋に出撃しました。

四月五日、空母赤城、飛龍、蒼龍の艦爆隊が追加派遣された英東洋艦隊の重巡ドーセットシャーとコーンウォールを撃沈。続く九日にも空母翔鶴、瑞鶴、赤城、飛龍の艦爆隊が小型空母ハーミスを撃沈し、このインド洋海戦で英国が喪失した艦船は通商船を含め一一万六〇〇〇トンにも達しました。

**日下**　マレー沖海戦でイギリス東洋艦隊を壊滅させたのはサイゴン基地から発進した海軍航空隊の雷爆部隊で、一時間半ほどでイギリス国民が不沈艦と信じたプリンス・オブ・ウェールズもレパルスも沈めてしまった。

チャーチルは『第二次世界大戦回顧録』のなかで「戦争の全期間を通じて、これほど直接のショックを受けたことはなかった。シャム湾ではわが第一級の戦艦二隻（マレー沖海戦でのプリンス・オブ・ウェールズとレパルス）が雷撃機のため数分間で沈められ、今また二隻の大切な巡洋艦が急降下爆撃機という全く別な空襲のやり方で沈められた。ドイツとイタリアの空軍相手に戦ってきた地中海の戦闘では、こんなことはただの一度もなかった。東洋艦隊がセイロン島付近に止まることは大災厄を招くことになる」と嘆いたほどの日本軍の完勝でした。

西太平洋もインド洋も日本海軍の制圧下にありました。このとき連合艦隊を戦略的に使っていれば、インドからイギリスを叩き出せた可能性が高い。昭和十七年（一九四二年）二月、山下奉文率いる第二五軍がシンガポールを陥落させた結果、二万人近い英軍インド兵が捕虜になっていました。

インド洋と太平洋を結ぶシンガポールは、「東洋のジブラルタル」と呼ばれた要衝です。イギリスが東洋艦隊に最新鋭の戦艦を派遣したことからも、彼らの植民地経営にとっていかに重要であったかがわかりますが、日本によって、この地から欧州勢力が一掃されたことは、欧米によるアジアの植民地支配の終焉の始まりでした。

当時、自由フランス（フランス亡命政府）軍の指導者だったド・ゴールは、「シンガポールの陥落は、白人植民地主義の長い歴史の終わりを意味する」と語っています。

イギリスの植民地支配から脱け出そうとするインド独立運動はこの時期、世界が日独伊中心の枢軸国と米英中心の連合国の二大勢力に分かれる激動のなかで、大戦勃発とともに頂点に達しつつありました。香港、シンガポールを日本に奪われた英国にしてみれば、インドはアジアでの反攻の最後の拠点になるはずでしたが、身動きできなかった。〝七つの海〟を制覇した大英帝国に落日をもたらしたのは、まさに日本海軍でした。

昭和十七年五月末までに日本軍は南方攻略作戦を終了します。香港、マレー半島、シンガポール、フィリピン、インドネシア、ビルマ、ギルバート諸島、ラバウル等々を占領し、中部太平洋、インド洋、ソロモン海域を制海空権下に置いた。いまや連合国側のリーダーはアメリカしかいません。日本海軍はこのあと再び太平洋に戻り、珊瑚海、ミッドウェー、ソロモン諸島で主敵米海軍と対戦するのですが、この昭和十七年五月までの間に、なぜ日本はインド独立運動を本格化させ、インド人に反英蜂起させることに注力しなかったのか、というのが私のイフです。大東亜戦争の勝利には、戦略的にも政略的にもこれが最大のカギだったと言ってよい。

## 「大義」「自存自衛」「実力」において最大のチャンスだった

**上島**　その勝利の可能性は、日本に資源と自由な貿易圏、市場をもたらすとともに、白人列強の数百年にわたるくびきからアジアの有色諸民族の解放につながるものです。

**日下**　このときチャンドラ・ボースはまだドイツにいましたが、一刻も早く彼との連携を図り、捕虜にしたインド兵を彼の指揮下に置いて「アジア解放」「インド独立」を旗印に攻め込ませればよかった。その応援に連合艦隊を用いるのです。

**上島**　連合艦隊挙げての必要はありませんね。一一隻の戦艦のうち大正時代に建造された金剛型の戦艦でもよかった。それに空母を一、二隻帯同させてインド解放艦隊を編制し、ベンガル湾を遊弋《ゆうよく》して艦載機を上空に展開してみせる。

さらに、この海軍はイギリスの東洋艦隊を撃破した部隊なのだと宣伝もする。まだ人々の戦争に対する認識は大艦巨砲主義の時代ですから、これは白人を圧倒する偉容に映ったでしょう。インド人は勇気を鼓舞され、イギリス人を追い出す戦いに踏み出していったと思います。

**日下**　昭和十七年ならば、追いつめられてからのインパール作戦のようにアラカン山脈を越える必要はない。陸軍の二個師団程度を輸送し、ベンガル湾からカルカッタに直接上陸できた。大東亜戦争の「大義」の面でも「自存自衛」の面でも、そして何より軍事行動の「実力」においても最大のチャンスでした。

**上島**　ボースがインド人兵士とともに「インド国民軍」を名乗ってインド解放のために進撃したインパール作戦は、昭和十九年（一九四四年）三月です。これが日下さんのイフのように、昭和十七年の前半にできていれば、インド洋の制海権を握っている日本はカルカッタでもボンベイでも、どこにでも上陸作戦ができ、相当数の陸上部隊を投入できたのは間違いありません。そこでボースが大演説をしてインド人を鼓舞すれば、彼らは雪崩を打って反英独立闘争に蜂起したでしょう。ルーズベルトがいくらチャーチルを助けたくても、米艦隊はインド洋に出動して決戦できる状態に復しておらす、日本の機動部隊にかなうイギリス艦隊も存在しない。インド洋に我が戦艦群と空母機動部隊がいて、陸上部隊が上陸してインド国民軍を支援すれば連戦連勝だったでしょう。

**日下**　チャーチルだけでなくイギリス海軍や国民も仰天した。ガンジーの演説も変わりました。無敵艦隊だと信じ込んでいたのが、よもや日本ごときにやられるとは思ってもいなかった。敗北の痛手は大きく、その後二年間、イギリス海軍はインド洋、太平洋で作戦らしい作戦を展開できなかった。

**上島**　現実に我が海軍の「イ29」潜水艦が、マダガスカル島沖合でドイツのUボートからチャンドラ・ボースを迎えたのは、ようやく昭和十八年（一九四三年）四月でした。マレー作戦での日本軍の進撃と勝利を知ったボースは、「日本は私の戦う場所をアジアに開いてくれた。この千載一遇の時期にヨーロッパの地にとどまっていることは、まったく不本意だ」と言って、日本への渡航を希望して駐独日本大使館と接触するようになっていましたが、そのとき日本大使館はボースに「受け入れを考慮中」という返事しかしていません。

大事な機を逸してしまった。当時、陸軍参謀本部はインド情勢に対する分析が不十分で、独立運動指導者としてのボースの価値をほとんど認識していなかったようです。

## 日本は民族自決の範を世界に示すこともできた

**日下**　残念ながら、そうした積極的な戦略、世界構想が当時の日本になかった証拠です。あとで述べますが、日本軍の西進は大本営陸軍部で開戦前に検討を重ねていました。だが海軍が関心を持たず、事実上作戦として採用にならなかった。

**上島**　逆に山本五十六が、陸軍を太平洋の奥深くに引っ張っていってしまった。

**日下**　そうです。山本五十六は今日でも名将の評価を得ているようですが、ガダルカナルに出ていったのは陸軍対抗の予算獲得運動だと思います。しかも失敗している。山本愚将論の紹介はあとでしましょう。

ともかく、大東亜戦争はあくまで米英に対して堪忍袋の緒を切った戦争で、「自存自衛」という目的を超える軍事的な可能性をせっかく手にしながら、世界に向けてパラダイム転換を訴えるスローガン、何より「大東亜宣言」とその構想が間に合っていなかった。裏を返せば、大東亜戦争がいかに戦争設計と準備のないままに踏み切った戦争であるかの証明でもありますが。

かりに日本の後押しを受けてインドが独立すれば、イギリスは大ショックを受け、日本との講和に応じた可能性が高いでしょう。チャーチルは日本を相手に戦ってすべてを失うわけにはいかなかった。チャーチルは、プリンス・オブ・ウェールズとレパルス失ったとき、こうも述懐しています。

「日本人は不思議だ。交渉ということを知らないらしい。交渉の最初はどこの国でも少しは掛け値を言うものだが、日本人は反論せずに微笑をもってそれを呑んでくれる。そこでもう少し要求をエスカレートさせてみると、また微笑をもって呑んでくれる。しかし、それを続けると、あるとき突然顔を上げるとその顔は別人のごとくになっている。刺し違えて死ぬとばかりに攻撃してくる」

チャーチルは、「そんなに苦しいのなら思いつめる前に言ってくれればよかった。そうすればイギリスだって戦艦とシンガポールを失わずに済んだ」とこぼしたわけです。そうならば、このとき日本と妥協した可能性は大いにあります。それによって中東、アフリカの利権を少しでも守れればと考えたでしょう。日本にその準備があれば講和の条件を提示できる状況でした。

さらにこのとき、これはルーズベルトとチャーチルが唱えた大西洋憲章にいう民族自決の実現であると日本は声明して、米英に講和を呼び掛ければ、正々堂々の戦争だった。また、この時期に朝鮮を独立させるという選択もありました。民族自決の範を世界に示すのです。独立をさせなくとも、どんな政体を選ぶかの自由選挙を行ってもよかった。彼らは李王朝の復帰ではなく日本の統治継続を望んだかもしれません。

**上島**　「苛政は虎よりも猛し」ですね。併合後の日本の統治のほうが、庶民にとっては李朝時代よりもずっとよかったというのは、「生活者の実感」として紛れもなかったと呉善花さんの日本統治時代の研究にあります。

**日下**　裏を返せば、日本は朝鮮半島を統治したことで利益よりも大きな重荷を負ったとも言えます。韓国併合は失敗だった、少なくともその視点からの検討が今日あってよいのです。内地の負担を上げてまで民生の向上に努め、経営に当たったけれど、感謝してくれないとは、バランスシートは大赤字です。

満州経営も赤字。満州には莫大な投資をし、戦後、それをそっくり残してきた。中国はそれを擦り切れるまで使いました。彼らはいまだに日本に対して賠償要求を突きつけてきますが、満州に残してきた資産と差引勘定しなければいけない。国家経営としては、日韓併合や満州国の建国以外の選択肢があり得たことを考える必要があります。いつか、それもやりましょう。

## 搾取も保護もせず、自立せしめることをめざした統治

**日下**　さらに、大東亜戦争にはこういう経験を活かす道筋もありました。日本は第一次大戦を連合国側で戦い、ドイツの統治下にあったサイパン島やトラック諸島などの南洋諸島を占領しました。戦後、それを植民地とすることもできたし、そうしたところで非難される時代でもなかったのですが、このとき国際連盟の初代事務局次長だった新渡戸稲造は、「それでは日本の名がすたる」と考え、委任統治という制度を発明しました。占領地をそのまま日本が領土にしたのでは、我々が戦ったのは領土欲しさの戦争だったということになる。

**上島**　日本の国土は狭小だが、日本人の度量は大きいのだ、と。

**日下**　はははは（笑）。そうですね。新渡戸は、これらの南洋諸島はもともと島民のものだからいずれ独立すべきで、それまで日本が委任を受けて預かるという仕組みをつくりました。南洋諸島が委任統治領になると、日本政府は南洋庁を設置し、開発や産業振興とともに、公衆衛生や教育政策を推進した。それまでの統治国ドイツは、サイパン島を流刑地にして、現地住民への教育も開発もまったく行わなかったのですが、日本の政策はそれと

まったく逆でした。

このとき新渡戸稲造は、一高時代の学友でのちに民俗学者として名を成す柳田國男を国際連盟の委任統治委員にします。柳田は農林省の高級官僚として出世した人物ですが、役人としては異色の存在で、「農村にこそ日本の真髄、日本人の真実があるのだから、都市と比べて遅れていると決めつけてはいけない。開発するにも、まず研究が必要」と考えていた。四十代で貴族院書記官長を最後に官職を辞し、民話などの民俗資料の収集をして全国を回った。

日本は欧米流の植民地支配はしない――これが柳田の考え方でした。そのため南洋諸島ではそれぞれの島にどんな歴史があって、どんな秩序のもとに生活しているのかを調べました。島の資源には限りがあるから、勝手に木を伐採すると全員が困窮し、滅びてしまう可能性がある。そうならないために見事なサステイナブル（持続可能な）システムがあることや、諍《いさか》いが起きるのは近くの島同士ではなく、少し遠い島同士だとか、そういう柳田の報告書が残っています。日本の南洋諸島統治は、こうした報告をもとに行われたのです。

島々にいまも残っている言葉に「ウンドウカイ（運動会）」があります。大東亜戦争終了後、日本を訪れたトラック島の老人は、「日本人は我々に〝ウンドウカイ〟を教えてくれた。あんなに面白いことは初めてだった」と感激の面持ちで語った。

日本の統治が一段落したある日、島民に「この日、この場所に集まれ」と号令して運動会を開催したそうです。その日になると、大勢の島民が丸太の船に帆をかけてトラック島に集まって駆けっこや綱引きなどの競技をした。大小の島々に散らばっている住民たちは、こうした機会を得て一つにまとまっていったのです。

搾取はしない。保護もしない。自立せしめる。日本は各種の産業を住民に教えて、その製品を買い上げました。それが柳田國男や新渡戸稲造のめざした統治だった。新渡戸稲造は『武士道』を英文で著し、日本人のモノの考え方や価値観を海外に紹介した人物で、もともと教育者です。人間には「自立」が不可欠であることを委任統治の柱にしたのも新渡戸の「自ら立ち、自らを律する」武士道精神が背景にあったのだと思います。こうした国家としての経験をなぜ大東亜戦争に活かすことができなかったのか。

## 大東亜戦争の意味を考えさせてくれたサイパンでの出来事

**上島**　関連して横道の話をさせてください。

平成二十六年秋に十数年ぶりにサイパンとテニアンを訪れました。昭和十九年の玉砕戦から七十年という節目の慰霊が目的の旅だったのですが、サイパン島北部に日本政府が建立した「中部太平洋戦没者の碑」と、それに隣接して韓国の民間が建てた「太平洋韓国人平和慰霊塔」の国旗掲揚塔を見ると、我が国の掲揚塔には何も掲げられていないのに、韓国の掲揚塔には北マリアナ、アメリカ合衆国、大韓民国、三旒の国旗が翻っていました。

慰霊祭は、公益財団法人・太平洋戦争戦没者慰霊協会と京都に本山のある仏教教団阿含宗が主催したもので、安倍晋三総理のメッセージを現地の領事が代読し、戦没者の碑の前には三旒の国旗が立てられていましたが、これは慰霊祭の主催者が用意したものでした。

**日下**　政府の「中部太平洋戦没者の碑」には、日本の国旗は掲げられていなかった。領事が出席しているのにサイパンの領事事務所は国旗を掲げることが念頭になかったのでしょうか。

**上島**　大東亜戦争終結六十年の節目の年だった平成十七年六月、天皇皇后両陛下が戦没者慰霊のためサイパン島を訪問され、島北部の中部太平洋戦没者の碑などに足を運び、この地の激戦で亡くなった多くの将兵と民間人を追悼されました。

当時、サイパン在住の韓国人コミュニティから両陛下のご訪問に反対する意見が出ました。両陛下の訪問は、過去に日本が占領した地域で軍国主義を追慕するためだというもので、サイパン韓国人会は、彼らの事務所前に「日本の天皇は太平洋で犠牲になった韓国人に謝罪して慰霊祭を行え」という内容の横断幕を掲げたのです。

　こうした韓国人の行動に「ＮＯ！」と立ち上がったのがサイパンの現地人でした。サイパンでショッピングセンターなどを多角的に経営するジョーテン・エンタープライズ社の創業者ジョーテン氏の夫人ダイダイさんが横断幕に対して「韓国人はなんと失礼なことをするのか」と〝抗議〟したのです。ダイダイさんは戦前、日本の公学校で学んだ方だそうです。

　ダイダイさんは、原住民であるチャモロ人、カロライナ人に韓国系の企業をボイコットするよう呼びかけました。この呼びかけは地元紙を通じてまたたく間に島内に広がり、結果的にサイパン韓国人会は横断幕を下ろし、両陛下のご訪問当日には「サイパン韓国人会は、天皇夫妻を歓迎する」という声明を発表し、韓国人も感謝している（少なくとも表面的には）となったようです。

　両陛下はサイパンご到着後、バンザイクリフやスーサイドクリフ、「中部太平洋戦没者の碑」、チャモロ人ら現住民九〇〇人を慰霊する「マリアナ記念碑」、サイパン島とテニアン島で戦死した米兵約五〇〇〇人を慰霊する「第二次世界大戦慰霊碑」などを予定どおり回られ、当初の発表にはなかった「おきなわの塔」（琉球政府が沖縄県出身者のために建立）と「韓国平和記念塔」にも立ち寄られ、拝礼されました。この二カ所に立ち寄られることを事前に発表しなかったのは、慰霊の場に余計な議論を惹起させたくないというお気持ちからだったのでしょう。
両陛下のサイパンご訪問はダイダイさんのような現地の人々の「歓迎」の声が上がらなければ、韓国コミュニティから非難を浴びせられ、謝罪を求められる酷い状況になっていたかもしれない。混乱を未然に防いだのは日本の外務省ではなく、戦前の日本統治時代を知るサイパンの古老だったのです。

**日下** その絆が今も生きていて、外務省の不作為や過怠から日本の名誉を救ってくれた。

**上島** 米軍から「フォックス」と呼ばれた大場栄大尉が戦ったタポチョ山だけでなく、かつて軍艦島と呼ばれたマニャガハ島、旧日本軍野戦病院跡の聖母マリアの祠《ほこら》、スーサイドクリフ、バンザイクリフなどにも中国人や韓国人が来ていました。そして、これらの戦跡で、慰霊団の同行者以外に日本人を見かけることはほとんどありませんでした。ビーチや街中に少なくない日本人を見かけましたが、中国人や韓国人のほうがはるかに多い。
かつては日本企業がサイパンの観光開発の担い手でしたが、その多くが破綻して撤退し、日本資本に代わって中国資本や韓国資本が進出してきています。サイパンのホテルの多くは日本企業が建てましたが、いまではその大半が中国や韓国の企業に売却され、それを象徴するのが日本航空の撤退でした。昭和五十二年からサイパンへの定期便を運航していた日航は、昭和六十三年に大規模なホテル・ニッコー・サイパンを開業しました。天皇皇后両陛下もサイパンご訪問の折に宿泊されました。しかし、ご訪問の四カ月後に日航のサイパン直行便は廃止され、続いてホテル・ニッコー・サイパンも中国資本に売却されました。それも数年前から休業し建屋は廃墟同然になっていました。

観光や戦没者慰霊で訪れる日本人が年間四〇万人という時代もあったのが、戦争経験者や遺族の高齢化につれて戦跡を訪れる日本人が減少し、それを補ってマリンスポーツを楽しむ若者、ゴルフを楽しむ中高年の観光客が多いだろうと思っていたのですが、それは日本人ではなく中国人、韓国人ばかりでした。

十数年ぶりの再訪で目にしたサイパンは、遠く大東亜戦争での日本の敗北の残滓《ざんし》に、バブル崩壊以後の経済戦争で敗退した日本資本の残滓が重なっている姿だった、と言ったらセンチメントにすぎるかもしれませんが、戦前の日本の南洋諸島経営の話をうかがって、大東亜戦争が今の私たちに残してくれたものと、私たちがさほど自覚のないままに失いつつあるものを感じました。

私たちは戦前、南洋の人々と歴史を共有した時代を持つ。その記憶は「親日」感情として、今も彼らの中に残っている。しかし、この絆は日本が何もしなければ弱まるばかりだろうと思いました。代わりに中国と韓国が彼《か》の地を浸潤してゆく。日本は、ただ経済効率だけを考えていればいいのか。大東亜戦争の意味を改めて考えさせられた旅でした。

## 「領土」より「貿易の自由」を求めるという選択があった

**日下**　私にも、こんな思い出があります。戦後十六年が経った頃ですが、シンガポールを訪問しました。街中にある自動車修理工場を何カ所か見て回ったのですが、インド人が修理しているのが多かった。扱っている車は日本製がほとんどで、「これはニッサンだね」と言ったら、「あなたは日本人か。私もかつて日本の兵隊と一緒にインパールまで攻め込んだんだ」と言って、われもわれもと名乗りを上げてきた。みんな、「日本人はブレイブ（brave＝勇敢）だ」と、そればかりを言うのですね。私は思わず、「ああ、ありがとう。今は違ってしまったけれどね」と（笑）。

平成十九年八月、第一次政権時代の安倍首相はインドを訪問し、チャンドラ・ボースの遺族に会いました。安倍さんが、「英国統治からの独立運動を主導したボース氏の強い意志に、多くの日本人が深く感動している」と語ると、ボースの姪にあたるクリシュナ・ボースさんは、「日本の人々がボースの活躍を覚えていてくれるのなら、私たちインド人も、ボースが英国の植民地支配に抵抗するためインド国民軍を組織したことを支援したのが、日本だったことを思い出すべきだ」と答えた。この会話を日本のメディアはほとんど伝えませんでしたが、これは紛れもなく「アジアの声」の一つです。

あの戦争には、日本として「東亜解放」という大義が掲げられた。そしてそれを理解し、ともに戦った人々が日本以外にもたくさんいたことを、過大に言ってもいけませんが、まるでなかったことにするのはもっといけない。

開戦当初、日本軍が進攻地域の多くで歓迎されたことは事実で、たとえば今村均大将の回顧録には、インドネシアでの戦闘について、「地元の住民は歓声をあげて上陸する日本兵に手を貸し、オランダ軍の築いたバリケードを取り除いて、日本軍の前進を助けてくれた」という記述があります。日本軍が各地で白人列強による〝植民地支配からの解放者〟として迎えられたことは、クリストファー・ソーンら日本に批判的な英米の戦史家も認めている。

ただ残念ながら、貧すれば鈍するで、戦局が敗勢に傾きかけてからは負の連鎖によって、東亜解放の理想と現実との乖離が大きくなる一方だったことも自覚せねばなりませんが。

**上島**　大原則としては、日本は領土を欲しているのではない。占領した各地での民族自決を後押しすればよかった。石原莞爾の構想を採用し、貿易によって資源が確保できるのなら領土の拡大は望まず、みんな独立させる方針であることを鮮明にすべきでしたね。

**日下**　東條英機にはその戦略的思考がなく、ビルマとフィリピンは独立させるが、マレーシアは欲しいとか、ジャワだけは残すとかで、大きな決断ができませんでした。

土地を欲しがるというのは十九世紀までの考え方で、すでに時代遅れでした。イギリスは世界の四分の一を持ち、フランスもそれには及ばないがドイツよりは持っていた。しかし、ほとんど持っていなかったドイツと比べて英仏の国力が隔絶して大きかったわけではありません。植民地を持つよりも、自由な貿易環境のほうが富を生み出す時代になりつつあったのです。

日本もこれに気づいて領土よりは貿易の自由を求めるという選択があった。それが保護貿易主義とブロック経済によって戦争に傾斜していったことは先に述べたとおり。

大東亜戦争の誤りの一つは、結果的に領土の拡大を求めたことです。ただそれは価値観が古かったということで、「侵略の野望逞しく」などといった東京裁判史観的な反省とは異なります。初めから目的は大東亜の解放と自由貿易の推進で、日本に領土的野心はないと宣言して戦えば、これは大西洋憲章に対抗する立派な理念となりました。

## ミッドウェー海戦前の海軍が陸軍と連携して実現できた作戦

**上島**　ここで昭和十七年（一九四二年）の日本の可能性に話を戻して、我が空母機動部隊はチャンドラ・ボース率いるインド解放独立軍を支援しながら、オーストラリアからスエズ運河を通って食糧、武器弾薬等を輸送していたイギリスの兵站《へいたん》を断ってしまう。さらに喜望峰回りで物資を送っていたアフリカ戦線の補給路も断つ。そうすると、どうなったでしょうか。

**日下**　アフリカ戦線の英インド軍は引き揚げざるを得ないから、そうなれば「砂漠の狐（Desert Fox）」と呼ばれ、戦車部隊を率いて北アフリカで英米軍と戦っていたロンメル将軍は、日本海軍によってイギリスの補給路が断たれたことで苦境を脱してエル・アラメインを突破する。カイロは目前です。あのときカイロでは後に大統領になったナセルが地下室に仲間の中堅将校たちを集めて、ドイツの旗が見えたら決起しようと準備していたらしい。もう一息だった。

日本としては、プリンス・オブ・ウェールズとレパルスを撃沈した後にやってきた空母二隻と戦艦五隻を、機動部隊に撃沈させておけばよかった。彼我の能力を比べれば、それほど難しいことではなかった。

ところが実際には、南雲艦隊はインドネシア海域でオランダ艦隊を撃ち破った勢いを駆ってインド洋に進出したのはいいけれども、補給に当たっていたイギリス海軍の小型空母一隻、重巡二隻、ベンガル湾の商船二一隻を撃沈しながら、セイロン島コロンボのイギリス軍施設を爆撃しただけで、イギリス東洋艦隊の多くをインド西岸のボンベイやアフリカ東岸に取り逃がしてしまいました。なんと勿体ない。

**上島**　日独が戦っている東西の戦線をつないで、イギリスとオランダに打撃を与える。かりにドイツがスエズ運河を占領し、そこでインドから進撃してきた日本軍との連絡がつけば、日独両国は湾岸の石油を得ることができた。この目標に向かって海軍が徹底して戦っていれば……。

**日下**　日本は独立インドやビルマを確たる友邦とするだけでなく、アフリカ各地にも根拠地を得られたかもしれません。そこで講和を持ちかける。またインドが日本側につけば、蔣介石はグルッと三六〇度包囲されることになり、どこからも補給が入らなくなるから、日本に降伏するか、しないまでも相当な窮地に追い込まれるわけで、日本は支那事変以後の泥沼に終止符を打つことができました。支那事変のための兵力と戦費を米英との戦いに回すこともできた。

これは優位戦思考、拡散思考をフルに働かせた場合の戦争設計ですが、あらかじめ念頭にあるのとないのとでは全然違います。昭和十七年前半、ミッドウェー海戦前の日本海軍なら、陸軍との連携を図ったうえで十分実現性がありました。

## 半分しか当たっていなかった総力戦研究所の予測

**上島**　海軍が得意の絶頂にあったのは昭和十七年六月のミッドウェー海戦の前までです。そもそも連合艦隊司令長官山本五十六大将は、海軍としてどのような計算、戦争設計をしていたか。

山本長官は昭和十六年十一月、昭和天皇に拝謁した折に日米戦の自信を問われ、「緒戦には勝ちます」と奉答しました。これは永野修身軍令部総長が開戦前に「第一、第二年は確算あり、第三年以降は確算なし」と発言したことと一致します。

**日下**　言葉どおりに受け取れば、海軍は開戦一、二年までしか考えていなかったことになります。

昭和十五年五月、海軍は軍令部が主催して海軍省、海軍航空本部、艦政本部の各出師準備関係者をも加えて大規模な対米持久作戦に関する図上演習を実施しました。当時、海軍が備蓄していた液体燃料は約六〇〇万トンで、結論の一つは「米英の全面禁輸を受けた場合、四、五カ月以内に南方資源の確保に動かなければ主として液体燃料の関係上戦争遂行できなくなる」というものでした。

**上島**　永野軍令部総長が昭和十六年九月五日、六日の御前会議を控え、近衛首相とともに参内した折、昭和天皇に、「時機を逸して数年の後に自滅するか、それとも今のうちに国運を引き戻すか、医師の手術を例に申し上げれば、まだ七、八分の見込みがあるうちに最後の決心をしなければなりませぬ。相当の心配はあっても、この大病を治すには大決心を以て国難排除を決意する外はない。思い切るときは思い切らねばならぬと思います」と述べたのは、海軍部隊の稼働可能限界を踏まえてのものでした。

**日下**　昭和十五年に総理大臣直轄の研究所として設置された総力戦研究所も、翌十六年七月から八月にかけて日米戦を想定した机上演習を行っています。

各官庁、軍、民間などから選抜された三五名の研究生たちによって演習用の青国（日本）模擬内閣が組織され、研究所側から出される想定状況と課題に応じて軍事、外交、経済の各局面における見通し（兵器増産、食糧・燃料の確保、兵站、同盟国との連携等々）について分析された日米戦の展開予測は、「緒戦の勝利は見込まれるが、その後の推移は長期戦が必至であり、その負担に青国（日本）の国力は耐えられない。戦争終末期にはソ連の参戦もあり、敗北は避けられない。ゆえに戦争は不可能である」というものでした。

しかし、この研究予測は半分しか当たっていません。石油需給予測を担当したのは、人造石油の開発を夢見た技術者で東大から商工省の燃料研究所、陸軍省燃料課へと進んだ高橋健夫中尉一人で、彼は東條英機陸相のもとに「蘭印に南進でもしなければ少資源国の日本は干上がる」ことを示す資料を持っていくのですが、高橋中尉が陸海軍に石油の備蓄量を問い合わせて回ったとき、陸海軍は実際よりも少ない数字を教えているのです。私も経済企画庁へ出向して「全国総合開発計画草案」を書き上げたときに同じ経験をしました。

真珠湾奇襲と原爆投下以外は、現実の日米戦争の推移とほぼ合致したとされる「日本必敗」の予測は、実は正しいとは言えない。

この研究結果は八月二十七、二十八日の両日、総理官邸で近衛首相、東條陸相ほか政府と統帥部関係者に報告され、このとき東條陸相は講評として、おおむね次のように述べています。

「これはあくまでも机上の演習である。日露戦争で、わが国は勝てるとは思わなかったが勝った。あの当時も列強による三国干渉で、やむにやまれずわが国は立ち上がったのであって、勝てる戦争だからと思ってやったのではない。戦争というものは計画どおりにいかない。意外裡な事が勝利につながっていく。机上演習の結果はその意外裡の要素を考慮したものではない」
東條は、高橋中尉の「蘭印の石油」という話に、「泥棒はいけない」と語ったという。なかなか立派なものです（苦笑）。

## 「天の力」「意外裡の要素」以外の戦争設計があったか

**上島**　昭和天皇の「絶対に勝てるか」とのご下問に永野軍令部総長は、「絶対とは申しかねます。事は単に人の力だけでなく、天の力もあり、算があればやらなければなりませぬ。必ず勝つかときかれても奉答出来かねますが、全力を尽くして邁進する外はなかるべし」と奉答しているのですが、ここには東條陸相の「意外裡の要素」と重なり合う考え方が見て取れます。

果たして日本の戦争指導部には「天の力」や「意外裡の要素」を当てにする以外の冷静かつ現実的な戦争設計があったと言えるか。

陸軍は昭和十四年（一九三九年）秋に「陸軍省戦争経済研究班」を設立しました。「我国に経済国力がないことを前提として、対米英の総力戦に向けての打開策を研究」するために、陸軍省経理局長の監督のもとに「次期戦争を遂行目標として主として経済攻勢の見地より研究」することを目的に、「陸軍省軍事課、軍務課、主計課、参謀本部第二課及び第二部は之が研究に協力し、その成果を陸軍大臣に報告し参謀総長に通報するものとす」と決められました（林千勝『日米開戦　陸軍の勝算』祥伝社）。

この「陸軍省戦争経済研究班」の設立を企画した中心人物は、陸軍省軍務局軍事課長だった岩畔豪雄大佐で、彼は、謀略・諜報・防諜などの秘密戦の教育機関である中野学校を創設し、「国防国策十年計画」において大東亜共栄圏を発案した人物です（同書）。

また「陸軍省戦争経済研究班」は「秋丸機関」とも呼ばれました。岩畔大佐の意を受けて、秋丸次朗中佐が班を率いたからです。

当時の日本では、日満財政経済研究会、企画院、陸軍省整備局が、それぞれ数次にわたって国力判断を実施していて、そのいずれの結論も昭和十三年（一九三八年）から十五年（一九四〇年）頃の日本の経済国力は、おおむね「輸出激減、輸入力減退。生拡（生産力拡大）停滞、生産減少、再生産困難」というものでした。

日下さんが先に述べられたように、当時の日本経済は繊維製品を輸出して獲得した外貨を使ってさまざまな必要物資を英米圏から輸入する構造になっていたので、支那事変勃発後の軍需拡大によって輸入物資は兵器や軍需品関係を優先せざるを得なくなり、繊維産業への原材料や機械部品の割り当ては急速に減りました。労働力その他の生産要素についても繊維産業から軍需産業に大幅にシフトさせられたため繊維産業は大打撃を受け、日本の輸出力は著しく低下した。

昭和十二年（一九三七年）が戦前日本の輸入額、実質個人消費支出のピークだった。結果的に当時の日本経済は、急速に関係が悪化しているアメリカからの輸入が頼りだった。中国や満州、占領後の東南アジアなどの円ブロック圏からの輸入額の合計が年間を通じてアメリカからの輸入額を上回るのは、ようやく昭和十七年（一九四三年）になってからです。

企画院が昭和十二年〜十四年に行った国力判断によれば、「輸出激減、輸入力減退で物動見直し。必要物資七割の輸入先の英米との戦争は無理。日本の経済力は長期戦に耐え得ず」「輸入途絶の計画は成り立たず」という悲観的な結論でした。

陸軍省整備局の昭和十四年の国力判断も、「日米通商条約破棄通告、輸入力に制約で重要物資供給に支障へ。民需大幅削減。満州は日本からの機械・食料・資金等に期待」というものです。

**日下** 「満州は日本からの機械・食料・資金等に期待」というのは、満州から日本への原料・資材等の供給が見込めないどころか、逆に日本の機械・食料等の重要物資や資金が満州の殖産興業のために必要だった。つまり日本は得る利益よりも負担のほうが大きかったということですね。

**上島**　ここまで『日米開戦　陸軍の勝算』によって話を進めましたが、「三つの組織による国力判断は、どれも我が国が支那事変による軍拡の重荷で、昭和十二年より危機局面を迎え、経済構造は歪み、縮小再生産と破綻への道のりを歩んでいることを示し」、「戦略物資の面で米国依存は高まるばかり」という状況のなかで、「陸軍省戦争経済研究班」が出した対米英戦の勝算は、まさに「西進」にあり、これは昭和十六年十一月十五日の大本営政府連絡会議で決定された「対米英蘭蔣戦争終末促進に関する腹案」の〈要領〉に盛り込まれました。その内容は、インド洋での海上作戦を強化し、イギリスへの物資輸送を遮断すること、日本に呼応して独伊が北アフリカ、スエズに侵攻して西アジアに向かう作戦の展開など日下さんが提示されたイフと同じような発想です。

海軍軍令部による対米持久作戦に関する図上演習、総理大臣直轄の総力戦研究所の研究、そして陸軍省戦争経済研究班による報告など、開戦前に日本はそれなりに戦争設計をしようとしていた。しかし、「対米英蘭蔣戦争終末促進に関する腹案」と現実の陸海軍の行動にはかなりの違いがあります。とくに海軍はまったく逆を行ったとしか思えない。

## 一航艦司令部の人事を総入れ替えしてから出撃すべし

**日下**　山本五十六長官の考えは、いざ開戦となれば日本陸軍はただちに東南アジアに進出して米国が禁輸した石油の入手を計らなければならなくなる。そのためには陸軍の作戦海域に米海軍の出動を許してはならず、それを許さぬためには真珠湾の米太平洋艦隊主力に壊滅的打撃を与えておかなければならないというものだったでしょう。真珠湾奇襲がその初手であり、その延長上にミッドウェー海戦があった。

**上島**　阿川弘之氏の『山本五十六』（新潮社）などによれば、真珠湾奇襲攻撃の計画は、昭和十五年（一九四〇年）の四、五月頃から山本が考え始めて大西瀧治郎に内命を下し、それを受けた大西は第一航空艦隊参謀の源田実に研究を命じたという。源田は奇襲作戦に第一、第二航空艦隊の主力空母を投入し、戦果を確実かつ徹底的にするため何度も反復攻撃をすることにしていたようです。

山本自身が真珠湾奇襲と同時にハワイ攻略を考えた時期もあったらしいのですが、実際の攻撃では、戦艦四隻撃沈、三隻大破、一隻中破という戦果は上げたものの、反復攻撃をしないままに重油タンクも軍工場も港湾施設もすべて無傷のまま残して引き揚げてしまった。

**日下**　このとき攻撃の主目標だったレキシントン、サラトガ、エンタープライズという制式空母は真珠湾内にいなかったために撃ちもらしましたが、もし石油タンクを破壊していれば六五万キロリットルが失われ、この量は太平洋艦隊の稼働十カ月分でした。ニミッツはもし石油タンクとドックが完全に破壊されていたら、二年は動けなかっただろうと述べています。そのとおりなら日本は勝利のための決定的に優位な時間を獲得し損ねたと言えます。

**上島**　しかもアリゾナなど沈没させた戦艦以外は、ドックが無事だったので数カ月でほとんどが戦場に復帰しています。

ハワイ占領という作戦も実際に陸軍部隊が上陸訓練をしていましたし、山口多聞のプランにもアメリカ本土西海岸への上陸が文書化されていたはずです。ハワイを占領し、真珠湾を機動部隊の基地にする。太平洋を渡って日本に近づこうとするアメリカの艦船は真珠湾を拠点にした機動部隊が逐一叩くという構想もあり得たと思うのですが、そんな積極性はなかった。ハワイ占領作戦が正式に中止されるのはミッドウェー海戦の敗北後ですが、緒戦の有利な状況下でもっと徹底して空母機動部隊を使うべきだったと思います。

**日下**　貧しい国がやっとの思いでつくった連合艦隊だから、一大決戦を前に損耗させるわけにはいかないという艦隊保全（フリート・イン・ビーイング）思想が海軍には強かった。

日露戦争における日本海海戦も、我が海軍には一度の艦隊決戦に勝利するしか活路はなかった。日本海軍がその後も艦隊決戦主義をとったのは日本海海戦の勝利という成功体験によるものですが、ならばアメリカとの戦いにおいても、そのような戦争設計を海軍はしなければいけなかった。短期決戦をするのなら、小笠原諸島付近で待ち構えていて、そこでアメリカ海軍と決戦をすればよかったのです。

それがなぜ遠い南方にまで戦線を拡大したのか。先に陸軍の「西進」方針に触れましたが、少なくとも陸軍が進んで南洋への進攻のために海軍の出動を要請したということはない。

ミッドウェー作戦についていえば、軍令部がミッドウェー島占領を主目的と思い込んでいたのに対し、山本五十六の狙いは真珠湾で会敵できなかった米空母をおびき出して撃滅し、一気に相手の戦意を喪失させることで「確算あるうちの講和」にあったはずです。そうでなければおかしい。

だが、目論見どおりに相手が出てくる保証はない。日本海軍の暗号解読に成功していた敵将ニミッツの米艦隊がこのときミッドウェーで待ち伏せしていたのに対し、日本海軍は米海軍の空母の数も所在もつかめていなかった。

敵情をつかめないどころか敵が見えないまま、世界最強を自任する機動部隊はミッドウェーに接近していった。昭和十七年（一九四二年）六月五日午前一時五十二分（日本時間）、日の出とともにミッドウェー北方洋上で始まった三日にわたる海戦は、赤城、加賀、蒼龍、飛龍の制式空母四隻、重巡一隻のほか航空機約三〇〇、熟練搭乗員約二〇〇名を含む三五〇〇名の兵員を一挙に失うという日本の大敗に終わった。

敗因の第一は情報と索敵の軽視という油断、驕《おご》りにありましたが、作戦中の空母は敵空母出現に備えて搭載機の半数を常時雷装（爆弾でなく魚雷装備）待機とするという連合艦隊司令部からの厳命を、一航艦司令部は敵空母が近くにいる可能性を軽視して守らなかったこと、そのために出撃が大きく遅れたこと等々、いくつもあります。

これは人事の失敗で、まさに東條英機が指摘した意外裡の失敗です。あのとき日本海軍は創設後初めて優位戦を戦う立場にありました。したがって少しでも優位戦思考に富んだ人材を集めて一航艦司令部の人事を総入れ替えしてからミッドウェーに出動すべきでした。

## ガダルカナル戦は明らかに一つの攻勢終末点だった

**上島**　その意味では、空母ヨークタウン撃沈で一矢報《いっし》いた飛龍と山口多聞司令官らの奮闘を、なぜ一航艦全体でできなかったのかを考えねばなりません。

さらにこれはよく言われることですが、なぜこの戦場には戦艦がいなかったのか。アメリカ海軍は空母や輸送船団の護衛、敵の占領地への艦砲射撃に戦艦を大いに用いたのに対し、日本海軍は戦艦をただ遊ばせていたのかと言わざるを得ない。

ミッドウェー海戦では大和以下の戦艦部隊は空母部隊の約五〇〇キロ後方にいましたし、同年八月から翌十八年二月にかけてのガダルカナル戦では、巡洋艦や駆逐艦群が死闘を繰り広げていたにもかかわらず、大和はトラック島に居座ったまま出撃すらしていない。

**日下**　ミッドウェー海戦から二カ月後の八月六日、日本陸軍は陸路によるポートモレスビー攻略作戦を開始します。一方、米軍（海兵隊）は翌七日、ガダルカナル島（ガ島）に奇襲上陸し、海軍航空隊が進出する直前の飛行場を占領しました。

以後、飛行場をめぐって日米の争奪戦が展開されたわけですが、圧倒的な航空兵力と物量を誇る米軍の攻勢に日本軍は押され続けた。これは米軍の本格的反攻であったにもかかわらず、大本営はそうと判断せず、八月に一木支隊（約八〇〇名）、川口支隊（約三五〇〇名）、海軍陸戦隊（約五〇〇名）を送り込んで奪回を図りましたが失敗、九～十月にかけて今度は二個師団を逐次投入し攻勢に出たものの、またも失敗。米艦載機の襲撃で海軍による食糧、武器の補給も滞り、現地部隊は米軍だけでなく飢えとも戦う破目になり、ガ島が別命「餓島」と呼ばれる所以となりました。

**上島**　そもそもニューギニアやガダルカナル島に、なぜ陸軍が出動することになったのか。これは海軍が昭和十七年一月にオーストラリアとアメリカの間を遮断し孤立させる戦略構想（「米豪遮断作戦」）を立て、その一環としてツラギとニューギニア島南東岸にあるポートモレスビーを奇襲攻略することに決定したからです。それまで日本人のほとんどが、ガダルカナル島なんてどこにあるかも知らなかった。なぜ海軍はそんな島に飛行場をつくる必要があったのか。

陸軍は支那事変の解決を重視していて、東南アジアの占領地・資源地帯は現状維持とし、それ以上の南方への戦線拡大は海軍の担当と考え、中国の支那派遣軍や満州の関東軍から兵力を抽出しなければならないオーストラリア攻略作戦に消極的でした。その時点で海軍との妥協点は米豪遮断作戦までだったと思いますが、根本にあったはずの米艦隊を待ち受けての「短期決戦」は、どこへ行ってしまったのか。

**日下**　ガダルカナルの攻防戦の間、海軍航空隊はラバウルを発進地として零戦の航続距離ギリギリの消耗戦を強いられ、〝大空のサムライ〟坂井三郎が負傷し戦線を離脱したほか、歴戦の搭乗員が次々と失われていきました。東部ニューギニアのブナ、ギルワなどでは日本陸軍と米豪陸軍の死闘が続けられましたが、ガ島戦に手いっぱいだった海軍は、その戦場にほとんど兵力を割くことができなかった。

しかもそのガダルカナル島をめぐる海戦に、海軍はトラック島の泊地にいる大和、武蔵といった、最も打撃力があって防御力の高い戦艦を出撃させていない。巡洋艦や駆逐艦群が死闘を繰り広げていたにもかかわらず、陸奥や長門も出さないで旧式の金剛型の戦艦を出して沈められています。

その気になれば、航空隊の援護はまだつけられましたから、もしガダルカナルに大和、武蔵が出撃していれば、アメリカの新鋭戦艦ワシントン、サウスダコタを撃沈し、その結果、中間選挙でルーズベルトが苦境に陥り、講和の機会を得られたかもしれない。

しかし、これに対する山本五十六の答えは、ガダルカナルへ往復するだけの重油がなかったというものでした。

**上島**　たしかに燃料の問題はあったようですが、やり繰りできたはずです。昭和十九年になってからでも大艦隊を動かしているのですから、きちんと手配をして、大和、武蔵をはじめ強力な戦艦を出撃させていればガダルカナルで戦果が得られたと思います。大量の重油を消費し、高度な訓練を受けた将兵を乗せていながら何もしない。海軍内部ですら「大和ホテル」と揶揄《やゆ》されるわけです。

**日下**　海軍は本気で戦争をしていたのかと言わざるを得ない。

大本営はついにガ島からの撤退を決め、昭和十八年二月、「ケ号作戦」と名づけたガダルカナル撤退作戦を決行します。派遣兵力約三万六〇〇〇人のうち戦死約二万四〇〇〇人、撤退できた生存者は約一万二〇〇〇人でした（米軍の戦死は約一六〇〇人）。

**上島**　ガ島をめぐっては三次にわたるソロモン海戦、サボ島沖海戦、南太平洋海戦、ルンガ沖海戦と多くの海戦が戦われ、その間の日米両海軍の損失は、日本は空母一、戦艦二、重巡三、軽巡一、駆逐艦一一など二四隻、米国は空母二、重巡六、軽巡二、駆逐艦一四など二四隻に及びました。

ちなみにアメリカでは、ガ島北方の海底に多数の艦艇が沈没したことから、Iron Bottom Sound（鉄底海峡）と呼んでいます。

**日下**　日本海軍は昭和十七年十月二十六日の南太平洋海戦において第三艦隊が先制攻撃に成功して空母ホーネットを撃沈、空母エンタープライズに爆弾三発を命中させ戦線を離脱させました。この時点で太平洋上に稼働可能な米空母は一時的にゼロという状況をもたらし、アメリカ軍側に「史上最悪の海軍記念日」と言わしめましたが、日本側に戦局を大きく旋回させ得る構想を立てた人はいなかった。

振り返ってみれば、日本にとって昭和十七年八月から十八年二月にかけてのガダルカナル戦が明らかに一つの攻勢終末点でした。勢い盛んでどんどん勢力を伸ばしたあと、ぱたりと力尽きて退却するという地点が必ずあります。

それまでの戦史で最も有名な例は、ナポレオンのモスクワ侵攻です。ナポレオンは一八一二年にロシアに遠征し、ボロジノでロシア軍を破り、その勢いに乗って同年九月にはモスクワに入城しました。この時点で全ヨーロッパはナポレオンの掌中に落ちたかと思われましたが、このモスクワが攻勢終末点だった。以後、ナポレオンは〝冬将軍〟の到来に撤退を余儀なくされたうえにロシア軍の追撃を受け、ロシア国内を脱したときには手兵わずか五〇〇〇を残すのみでした。

大東亜戦争における我が軍も昭和十七年八月から十八年二月にかけてのガダルカナル戦が攻勢終末点で、開戦後半年で日本は西太平洋と東南アジア全域を支配下に収めましたが、この敗北によって日本はずるずると後退していくことになり、逆に連合国は総反撃の転機を確実にしたわけです。

## アメリカ人たちの記憶にも残っている「日本人の底力」

**日下**　月刊誌『ＷｉＬＬ』（二〇一五年十二月号）に書いたことですが、本書の読者にも知ってほしいので、再論します。

昭和十八年（一九四三年）秋、私の母校で東京郊外にある自由学園男子部に、ガダルカナルの戦いで九死に一生を得た谷口中尉が配属将校としてやってきました。中学生の私たちに、教練として傘型散開や匍匐前進などを教えてくれましたが、陸軍士官学校卒のパリパリとして米軍の新戦法に対抗する日本軍の研究についても、新しい話をたくさんしてくれた。しかし、それよりも深刻だったのはガダルカナルの敵飛行場奪回に失敗したことを話すときの表情で、どこか遠くのほうを見ながら、少しずつ思い出すように、こんな話をされました。

上級司令部から総攻撃の日付が命令されると、ジャングルの中で食うや食わずの生活で痩せ衰えている兵を率いて、前面の丘の前に集結する。丘の上にある機関銃陣地を奪取すれば、その先はヘンダーソン飛行場で、さらにその先には広い海が見える。守る米軍は全員が自動小銃だから、こちらはなぎ倒されるのは覚悟のうえで、凹地《くぼち》を探しながら突撃する。

兵はよく命令に従ってくれて、ついに丘の上を越えて飛行場へ出たが、そこで精魂尽きて足が動かなくなった。空腹のため、指揮を執る自分も動けない。敵兵はトラックで、どんどん逃げていく……。

中尉は実感を込めて、こう言いました。

「あのとき、握り飯があれば……。一人に一つずつあれば、ヘンダーソン飛行場は奪取できたのに」

攻勢終末点は、そんな形で突然やってくるものらしい。そして、一度つかみ損ねたチャンスは二度とやってこない。そのチャンスの〝後ろ髪〟を追って、谷口中尉の視線は東京の空をさまよっていました。

それから四十年後、私はその場所へ友人を連れて行ってみました。岐阜の兵たちが丘の上に出るべく突撃の道を探した凹地の跡はいくつもありましたが、もちろん突撃する兵の姿はもうありません。そのとき、いくつかの歌が心に浮かびました。

「命令は　敵弾よりも厳しけり　草むす丘に　残る音聞く」

「たまゆらの　命にはあれど捨つるには　甲斐あるいくさ　求めたるべし」

「たまゆらの　生命をかけて　兵士らは　ギフの高地と名のみ残しぬ」

「岐阜の兵　散りし丘には岐阜の海　注いで祈るも　ただあわれなり」

「草生いぬ　木々もしげりぬ　つわものが　生命あずけし　武器をつつんで」

「よろず世に　語り継ぐべき名はいずこ　あまたの男　散りしいくさ場」

「四十年島に眠れど戦史には　汝の名前ありと告げたし」

谷口中尉は、こんな話もしました。

「日本軍は、負けた部隊は内地へ帰さず、引き続き激戦地に投入して、消滅を図る悪習がある。私もこの次はたぶん、ビルマ（ミャンマー）へ行くことになるだろう。今は、その息継ぎの休み。日本にもこんなに美しく優しい学校があることを知って、幸福だ。今から一年後、アメリカ軍は、この東京にやってくる……」

実際、そのとおりになった。ただし、谷口中尉たちの勇戦敢闘のおかげだと思いますが、アメリカ軍は日本国民に対しては意外に丁寧だった。戦後の順調な経済発展は、神風特攻隊や靖国神社に祀られている英霊のおかげだとの実感が私にはあります。

アメリカ人たちにも、日本人の底力についての記憶が残っている。安倍首相のアメリカ議会でのスピーチが共感を集めたのは、その底力をお互いに思い出して確認したからです。

# 第七章

# 未来は過去からやってくる

## 戦闘教令や前例になければやらないのか

**上島**　昭和十七年（一九四二年）五月から十八年（一九四三年）二月までの日本軍の戦いを見てきましたが、ミッドウェー海戦の敗北については、教訓を得るためのいくつかのイフを考えておきたい。

**日下**　アメリカの急降下爆撃機の襲来がもう五分遅かったら、あるいは日本機の発進がもう五分早かったら……、このイフが成立していれば大東亜戦争の帰趨は違ったものになったかもしれません。

米爆撃機襲来の報に接したとき、山口多聞少将の意見具申を容れて、爆装のままでいいから攻撃隊を発進させていたら、少なくとも我が四隻の空母の飛行甲板上に、雷装、爆装した攻撃機、爆撃機の姿はなかった。米急降下爆撃の爆弾は、さして命中率が高かったわけではない。ひとえに爆装、雷装していた日本機の爆弾、魚雷がものすごい誘爆を起こして、これが命取りになりました。そうでなければ、制式空母が急降下爆撃程度の攻撃でそうやすやすと撃沈されることはない。

なぜ南雲忠一長官、源田実参謀は、山口多聞少将の意見具申を聞き入れなかったのか。

たしかに九七式艦上攻撃機は魚雷を積んでこそ、敵艦に対して威力を発揮する。爆弾に積み替えれば、水平爆撃は軍艦にはあまり当たらないから威力は期待できなかったでしょうが、我がほうには九九式艦上爆撃機がありました。これは米軍機の三倍近い命中率を誇った必殺の艦爆隊です。エンタープライズ、ヨークタウン、ホーネットの三隻を無傷で帰還させることはあり得ない。

**上島**　さらには、なぜこの海戦にヨークタウンがいるのか。ミッドウェー海戦に先立つ五月の珊瑚海海戦で、せっかく米空母レキシントンを撃沈し、ヨークタウンを大破させながら、なぜ追撃して沈めなかったのか。

**日下**　仕留めることは可能でした。あのときの井上成美中将率いる第四艦隊の航跡を見ると、二、三日の間、同じ地点を行ったり来たりしている。もっと突っ込んでいってフレッチャー少将の機動部隊の退路を遮断すべきでした。

あるいは、敵は最終的にシドニーに帰るのだから、先回りして待ち構えて叩くという手もありました。もしヨークタウンが珊瑚海で沈んでいれば、ミッドウェー海戦での米軍の戦力は大幅にダウンし、ホーネットとエンタープライズの二隻だけでは我が機動部隊の攻撃を凌ぐことはできなかったでしょう。

**上島**　「何が何でも」の気概が足りなかった。米機の爆撃を受け大火災を起こしたとはいえ、沈没せず漂流していた赤城をなぜ曳航《えいこう》して帰る努力をしなかったのか。赤城は魚雷を受けておらず、火災は格納庫内部の誘爆によるものでした。赤城はもともと巡洋戦艦として建艦されましたから艦体の基本構造は大丈夫だったのではないでしょうか。アメリカ軍なら必ず牽引して帰ったでしょう。

結果的に、のちに戦艦大和最後の艦長となる有賀幸作の第四駆逐隊に魚雷での赤城処分が命じられ、そうするのですが、有賀は無念だったと思います。彼は「今夜は赤城の警戒に任じ、敵艦来たらば刺違え戦法をもってこれを撃滅せんとす」と発令し、第四駆逐隊各艦は赤城の周囲を往復して警戒を行っていました。

**日下**　赤城は巨艦なので曳航のロープが切れたという話があります。それは巡洋艦や駆逐艦が持っているロープだから強度が足りなかっただけで、大和なら大丈夫だったでしょう。曳航しているところをまた攻撃されたかも知れませんが、夜間ならばできたことだし、大和がその場にいるということは戦艦部隊がいるということですから、米軍も簡単に残敵掃討というわけにはいかない。

かりに傷ついた空母を戦艦で曳航して帰った前例がないというのなら、それは軍人ではなく、ただの役人です。まだ戦える空母をなぜ捨てていくのか。戦闘教令や前例になければやらないのか。この発想は軍人ではなく官僚で、官僚は自分の発想の内にないことはやらない。

南雲の話に戻ると、彼はあんな大敗を喫したのに山本五十六から名誉挽回の機会を与えられ、第三艦隊司令長官として南太平洋海戦に勝ってから左遷された。佐世保鎮守府長官として内地に戻され、そのあと中部太平洋方面艦隊司令長官（サイパン守備）を命じられ、サイパンは民間人をも巻き添えに一個師団単位が玉砕した初の島で、米軍との戦いは激しいものでしたが、彼はそれに覚悟を決めて臨んだというより米軍来襲前にはテニスをしながら「私はここで死ぬのが仕事」と言って、そのとおり死んでいった。

サイパンは本土防衛上の要衝でしたから、司令官率先で頑張らなければいけなかったはずですが、そうならなかったのは、もうこの戦争はダメだと悟っていたのでしょう。海軍のこういう人事はよくなかった。

## 及び腰で、ちょっかいを出すような「アウトレンジ戦法」

**上島**　ガダルカナル撤退後の展開を、読者のためにも点描しておきましょう。
昭和十八年（一九四三年）四月十八日、山本五十六が前線視察の乗機を待ち伏せの米軍機に撃墜され、戦死します。五月十二日、アッツ島守備隊玉砕。大本営はアッツ島失陥を発表するにあたって初めて「玉砕」という言葉を使いました。六月二十八日、侍従武官の城英一郎海軍大佐が航空機による体当たり攻撃を提案しますが、このとき航空本部長の大西瀧治郎中将は「統帥の外道」として拒否しています。十一月二十四、二十五日、ギルバート諸島マキン、タラワの日本軍玉砕。十二月二十八日、海軍の黒木博司中尉、仁科関男少尉が人間魚雷開発を海軍省と軍令部に提案しますが、海軍省、軍令部ともにこれを拒否しました。

**日下**　各地で玉砕しながらも、この時点では陸海軍ともに「特攻」にためらいがあった。「当然」とはなっていませんでした。

**上島**　昭和十九年（一九四四年）に入って日本軍の劣勢は不可逆的になります。二月六日、マーシャル諸島クエゼリンの日本軍玉砕。二十六日、海軍省がついに人間魚雷「回天」の試作を呉海軍工廠に指示します。三月、インパール作戦、大陸打通作戦開始。同十一日、米機動部隊がパラオを大空襲。山本長官の後を受けた古賀峯一連合艦隊司令長官がフィリピン・ミンダナオ島ダバオに退避の途中悪天候で遭難死します。

**日下**　「海軍乙事件」ですね。この遭難の折に日本軍の最重要機密文書がゲリラを通じてアメリカ軍に鹵獲《ろかく》されてしまった。三月八日に作成されたばかりの新Z号作戦計画書や司令部用信号書、暗号書といった書類で、とくに新Z号作戦計画書は、海軍による米軍の侵攻予測とそれに対する撃滅計画が記載されていましたから、これは米軍にとって大東亜戦争で最大の情報戦上の成功と言われた。

**上島**　このときゲリラに捕縛《ほばく》された福留繁中将は、海軍上層部の擁護もあって軍法会議にかけられることも、予備役に退かされることもなく、その後、第二航空艦隊司令長官に転じ、要路にとどまります。福留は事件直後から最後まで軍機を奪われたことを認めようとしませんでした。ここには上層部の庇《かば》い合いがあります。下士官あたりだったら、あり得なかったでしょう。

四月に入ると軍令部総長が海軍大臣に対し、後の回天、「震洋」を含む九種類の特攻兵器開発を要望しています。五月には第一〇八一海軍航空隊大田正一少尉が人間爆弾「桜花」の開発を隊司令菅原英雄中佐に提案します。

六月十九日～二十日、小沢治三郎中将麾下の第一機動艦隊とスプルーアンス大将麾下の米第五艦隊との間で、航空母艦同士の史上最大の海戦と言われたマリアナ沖海戦が戦われ、日本海軍はガダルカナル失陥後の戦勢を一気に立て直そうと戦艦五隻、空母九隻、重巡一〇隻、軽巡三隻、駆逐艦二九隻、艦載機四三〇というミッドウェー作戦を上回る大艦隊を編制して戦いに挑みましたが、米艦隊も制式空母七、軽空母八の計一五隻、その艦載機数八九一機という陣容で、艦船と艦載機の数では米国が圧倒的に勝っていました。

それでも当初、小沢長官に勝算はあったとされ、それはグアム、ロタ、ヤップ各島に配備された第一航空艦隊（角田覚治中将）の基地航空部隊六〇〇機の支援や日本側航空機の航続距離が長い利点を生かした「アウトレンジ戦法」によって敵機の攻撃圏外から飛び立ち、第一撃を終えたらグアム基地で弾薬燃料を補給しての反復攻撃のことでした。

古賀連合艦隊司令長官の後任に就いた豊田副武大将は、マリアナから西部ニューギニアに達する「絶対国防圏」を死守すべく、日本海軍の航空戦力、水上部隊の全力を傾注する〝最後の決戦〟として日露戦争以来のZ旗を掲げて督戦しましたが、戦闘第一日目で日本側は航空機三〇〇機余と空母二隻を失い、さらに北上退避中に空母一隻と一〇〇機近くを失いました。対する米側は二日間の戦闘で航空機一三〇機と艦艇のわずかな損傷にとどまった。

**日下**　日本の敗因は操縦士の訓練不足と航空機の防御装置の不備はもとより、レーダー性能や戦闘情報の処理能力、新型のＶＴ信管に至るまでの歴然たる「国力の差」にありました。アメリカの戦闘技術が飛躍的に向上したのに対し、日本は大きな後れをとっていたのです。

さらにアウトレンジ戦法など、私に言わせれば、「決戦」ではなく、及び腰で、ちょっかいを出しているような戦い方です。アウトレンジ戦法は図上演習にすぎないという批判は当時からありました。たしかに日本軍の航空機の航続距離は米軍より長い。こちらは米軍の攻撃の射程外にいられる。しかし攻撃機を操縦していく搭乗員のことを考えない。敵艦隊まで二時間半も狭い操縦席で緊張に耐えつつ飛行していくのです。これはガダルカナルの航空戦も同じでした。

「皇国の興廃この一戦にあり」の気概でいくら頑張っても、彼らは機械ではない、人間なのです。運動神経は鈍り、判断力も落ちてくる。それは避けられない。軍事作戦とは、こうした要素を含めて考えるものです。

小沢治三郎は無能だったはずはない。それが、なぜこんなガッツのない戦いをしたのか。艦隊運動では勝っていたのですから、肉を切らせて骨を断つ覚悟で肉薄し、夜襲でもかけていれば……。ここでも艦隊保全主義によって「決戦」を呼号しながら決戦になっていなかった。刺し違えても敵の全滅をめざす、という戦いを大東亜戦争の日本海軍は一度もしていない。では、いったいいつが決戦なのか。

**上島**　マリアナ沖海戦敗北の約二週間後、七月七日にサイパン島守備隊が玉砕、以後次々とマリアナ諸島の主要な島嶼を米軍に占領されます。四日にはインパール作戦が中止されており、「意外裡の要素」をもって総力戦研究所の机上演習の結果を退けた東條首相も十八日に内閣総辞職をしました。二十二日、小磯国昭内閣成立。そして、この時期から陸海軍ともに特攻兵器の採用が本格化していきます。

同月十一日、陸軍が体当たり特攻艇マルレの採用を決定。八月一日、海軍も回天を兵器として採用することを決定。三日、グアム島守備隊玉砕。十六日、海軍航空本部が桜花の試作を海軍航空技術廠に命令します。二十八日、海軍が特攻艇震洋を兵器として採用。早くも九月一日に第一震洋隊が編制されました（以後一四六個隊編制）。十月一日、桜花専門部隊第七二一海軍航空隊編制。

そして八日、マニラの第一航空艦隊司令長官として赴任する大西瀧治郎中将が、軍令部総長及川古志郎大将に「航空機による体当たり攻撃」を意見具申し、及川は「くれぐれも命令によらないこと」を条件に了承したとされます。十三日、この日までに東京において最初の航空特攻隊は「神風特別攻撃隊」と命名することが決定されました。

## 事実確認のない「願望」によって事態を悪化させた

**日下**　特攻作戦とはいかなるものか。どんどん特攻用の兵器開発が進められる一方で、作戦そのものが吟味されたとは言えない。

時計の針を少し戻して昭和十九年（一九四四年）十月十日、米第三艦隊司令長官ハルゼー大将総指揮の機動部隊が沖縄を奇襲します。そして一日おいて十二日から連日台湾を襲った。フィリピン侵攻の前にその後衛基地を叩いておく作戦でした。米第三八任務部隊は四個群に分かれ、合わせて制式空母九、軽空母八、最新鋭のアイオワ、ニュージャージーを含む快速戦艦六、重巡四、軽巡一〇、駆逐艦五八隻に艦載機約一四〇〇機という史上空前の機動部隊だった。

**上島**　日本海軍に、これと太刀打ちできる空母部隊は存在しません。九州から沖縄、台湾、フィリピンまでの基地航空部隊が総力を挙げて反撃に出ました。その結果、大本営は敵撃沈空母一一、戦艦二、巡洋艦三、大破空母三、戦艦一などの戦果を発表しましたが、実際には制式空母フランクリン、ハンコックに損傷を与えて重巡キャンベラなどを大破させただけで、撃沈は一隻もなかった。

**日下**　幻の台湾沖航空戦の戦果ですね。このとき大本営陸軍部情報参謀だった堀栄三の戦後の回想（『大本営参謀の情報戦記』）によれば、フィリピン出張の途上、彼は台湾沖航空戦を耳にし、「いままでの戦法研究で疑問符のつけてある航空戦だ、この目で見てみよう」と鹿屋基地に行って戦果報告のパイロットたちから聞き取り調査を行った。結果として堀は、「この成果は信用出来ない。いかに多くても二、三隻、それも航空母艦かどうかも疑問」と大本営第二部長宛に打電しました。

しかし、それは活かされず、「大本営陸軍部は承知していたと想像されるが、これが握り潰されたと判明するのは戦後の昭和三十三年夏だから、不思議この上ないことである。しかし大本営陸軍部の中のある一部に、今もって誰も覗いていない密室のような奥の院があったやに想像される」という。

**上島**　実態からあまりにもかけ離れた戦果発表は、最終的に空母撃沈破一九隻にまで跳ね上がりました。小磯首相が「勝利は今やわが頭上にあり！」と歓喜の声で国民に呼びかけたほどですが、この戦果誤認がその後のフィリピンの日本軍を地獄に落としたと言ってよいと思います。情報を精査せず、事実確認のない「願望」によって事態を悪化させてしまった。

信じられないことに、大本営海軍部によって大戦果が誤認であったと再判定された事実がフィリピン決戦に向けた陸海軍合同の作戦会議で陸軍側に伝達されていなかったという。これで陸軍のフィリピン戦は大きく捻じ曲げられ、その後の沖縄決戦にも影響し、米軍との一大決戦を構想していた牛島満中将率いる第三二軍から、要の戦力だった第九師団を抜くことになりました。台湾沖航空戦の戦果誤認は沖縄戦の悲劇にもつながっています。

ちなみに、保阪正康氏は、この緊急電報が当時大本営の作戦参謀だった瀬島龍三によって握り潰された可能性を指摘しています（『瀬島龍三　参謀の昭和史』）。

## レイテ湾突入は沖縄特攻よりもずっと勝機があった

**上島**　さて、昭和十九年十月十七日、とうとう米軍はレイテ島に上陸作戦を開始します。かつて一〇〇〇機以上の戦力を誇った一航艦は実働三〇機にまで減っていました。十八日、日本側も「捷（「勝利」）一号作戦」を発動。十九日、大西中将はマバラカット基地において特攻隊の編制を命令、二十一日にセブ基地から発進した大和隊の久納好孚中尉が出撃散華。二十五日、一六隻からなるレイテ湾上の敵護衛空母群に突入した関行男大尉、中野磐雄一等飛行兵曹、谷暢夫（同）、永峰肇飛行兵長、大黒繁男上等飛行兵の敷島隊は、わずか爆戦五機で空母カリニン・ベイ撃沈、同セント・ロー撃破、巡洋艦ホワイト・プレーンズ撃沈の戦果を上げ、豊田司令長官の全軍布告によって特攻第一号として定着しました。

前々日の二十三日から連合艦隊は栗田健男中将指揮の第一遊撃部隊を本隊に西村部隊、志摩部隊、小沢部隊の四隊に分かれて、空母四、戦艦八、重巡九、陸上基地兵力の第一、第二航空艦隊約五〇〇機を投入して、マッカーサー上陸を阻止すべく米艦隊に決戦を挑みました。そしてまさに敷島隊が突入した二十五日、スリガオ海峡北端付近で西村部隊は玉砕。栗田艦隊のレイテ湾突入支援のため、ハルゼー提督の米機動部隊主力を北方に引きつけるべく出動した小沢中将の〝囮部隊〟は、ハルゼーの釣り出しに成功はしたものの、なぜか栗田艦隊はレイテ湾奥約一〇〇キロまで迫りながら艦隊を北方に反転させ、作戦を中止しました。

連合艦隊が第一遊撃部隊に出した命令は、「二十五日（X日）黎明時『タクロバン』方面に突入　先ヅ所在敵海上兵力を撃滅次デ攻略部隊（上陸した米軍）ヲ殲滅スベシ」でした。西村部隊も小沢部隊も命令遂行に玉砕同然となりましたが、栗田艦隊だけは命令を遂行できなかった。

たしかに栗田艦隊は二十五日早朝、サマール島沖で米空母部隊を発見し、大和、長門、榛名、金剛などの戦艦の主砲が次々火を噴いて追撃戦を開始しました。相手は折からのスコールに隠れ、ひたすら逃げるのみで北方に誘い出されたハルゼー艦隊に帯同する高速戦艦部隊に平文で救援電報を打つほどでした。

にもかかわらず栗田艦隊は午前九時過ぎ、二時間少しの戦闘で追撃を中止した。連合艦隊が出した命令に従って西村艦隊も小沢艦隊も玉砕したのに、栗田艦隊だけは命令を遂行できなかった。最も力のある戦艦群を率いながら、それを使いきることをしなかった。

結果的に基地航空隊は米艦隊に抗し得ず、日本側は空母全滅、戦艦三、重巡六、航空機の大半を失って、連合艦隊はここに事実上壊滅しました。戦後、大岡昇平は『レイテ戦記』に「栗田艦隊の反転は悔いを千載に残したものというのが、われわれの心情的判断である」と綴りましたが、戦後生まれの私もそう思います。

**日下**　戦艦大和にしてみれば、レイテ湾突入は沖縄特攻よりもずっと勝機がありました。マッカーサーの輸送船群は荷揚げを終えて空船になっていて無駄だったという説もありますが、それを言うなら沖縄特攻のときもすでに米軍は上陸していたのだから同じです。マッカーサーが上陸していたらそれを砲撃し、タクロバンに飛行場を造らせなければ日本軍の航空部隊がまだ活躍できた可能性がある。

マッカーサーは米護衛空母群への栗田艦隊の攻撃に対し、「米側の損害は非常に大きかった。二時間半の息もつかせぬ戦闘ののち、勝利はいまや栗田提督のふところに転げ込もうとしていた」（『マッカーサー大戦回顧録』）と記しています。

**上島**　湾奥まであと約一〇〇キロに進出したのですから、大和の主砲到達距離まであと約六〇キロです。潜水艦などの待ち伏せがあったとしても、護衛駆逐艦が大和を守って主砲到達距離にまで進んで全弾撃ち込むことができたら……と思うのは、死んだ子の年を数えるのと同じかもしれませんが、日下さんのおっしゃるように敵は動かない地上にあっ違います。

たとえ沈められても大きな「戦果」はあり得た。同じ沈没でも沖縄特攻での沈没とはた。

**日下**　栗田健男中将は戦後、「敗軍の将、兵を語らず」と寡黙《かもく》でしたが、海軍記者の長老伊藤正徳に、「三日三晩ほとんど眠らなかったあとだから、からだの方も頭脳の方もダメになっていただろう」と判断ミスを認めたという（『連合艦隊の最後』）。

しかし、これは判断ミスというよりも、「見敵必戦」と戦闘目的が徹底されていなかったということです。栗田艦隊支援のために「必死」の航空特攻を繰り出しておきながら、一方で戦局打開のための決戦兵器であったはずの戦艦大和以下が突入せずに反転したのでは、それまでもミッドウェー、ガダルカナルと決戦場に投入されなかった教訓がまったく活かされていない。

「当時の海軍の作戦命令書とその結果を見ると私は腹が立ってしようがない」と語ったのは、呉市海事歴史科学館（大和ミュージアム）館長の戸高一成さんで、

「譬えはよくないが、金庫破りが金庫を開けた瞬間に、自分の腕前に満足して帰ってしまうようなところが常にあり」、「作戦命令そのものが内向きで、その人の履歴を傷つけないという〝配慮〟でつくられ」、そこには官僚組織の庇い合いという最もよくない点が現れていると（『正論』平成二十六年四月号）。

「せっかく決戦兵器を持ちながら、運用する人間の側に問題があるから威力を発揮できない」という戸高さんの結論に私も賛成です。

**上島**　それでも戦いは続き、十一月八日、最初の回天特攻隊菊水隊が大津島基地を出撃しました。二十四日、サイパン発のB29編隊が初の東京空襲を実施。年明け昭和二十年一月九日に米軍はフィリピン・ルソン島に上陸。次いで二月十九日には硫黄島に上陸。三月十日、B29による東京大空襲。十万余の一般市民が殺されました。以降名古屋、大阪、神戸の各都市が大規模な空襲を受けます。二十六日、硫黄島守備隊が玉砕。同日、米軍は沖縄県慶良間諸島に、四月一日には沖縄本島に上陸。もはや日本軍に米軍を押し返す力は残っていませんでした。五日、小磯内閣は総辞職します。

そして六日、海軍の菊水作戦、陸軍の航空総攻撃が開始され、「一億総特攻のさきがけ」として戦艦大和以下第一遊撃部隊が「沖縄特攻」に出撃します。七日、米艦載機群によって大和撃沈。同じ日、三年四カ月が経過した戦争に終止符を打つべく鈴木貫太郎内閣が成立しますが、その後も空に海に陸続と特攻部隊は出撃していきました。「自存自衛」の目的で開始された戦争は、いつしか「決死」作戦が「必死」となり、「兵に死を求める」ことが目的化したかのような様相を呈していきました。

八月六日、広島に原爆投下。八日、ソ連が中立条約を破棄し、日本に侵攻してきます。

九日、長崎に原爆投下。十五日、日本はポツダム宣言を受諾。「堪ヘ難キヲ堪ヘ忍ヒ難キヲ忍ヒ以テ萬世ノ爲ニ太平ヲ開カムト欲ス」との詔勅が放送され、日本軍は戦闘を停止。九月二日に東京湾上の戦艦ミズーリで日本政府全権重光葵が降伏文書に調印して、砲弾の飛び交う戦争は終結しました。日本人戦没者、約三一〇万。終戦以後に自決した将兵軍属は五八六柱を数えます。

## 短期決戦主義と艦隊保全主義の矛盾

**日下**　駆け足で大東亜戦争を振り返りました。

さて、この途轍もない経験からの教訓とは何か。手に余る試みですが、私なりにいくつか挙げると、こうなります。

結局、大東亜戦争の失敗は、根本的なところで持っていた戦争像と実際にやった戦争とが全然違ったという一点に行き着きます。日本海軍は歴史的に短期決戦思想でした。教育から軍艦の設計に至るまで短期決戦思想で、それは日本海でバルチック艦隊を待ち受けて一挙に撃滅したという成功体験が長く影響し、同じように、今度は太平洋を向かってくるアメリカ艦隊を小笠原諸島海域辺りで待ち受けて一挙撃滅するという短期決戦思想だった。だから、兵隊はベッドではなくハンモックで寝ればよい、とした。負けて沈むにしろ勝って帰還するにしろ、一週間程度の戦闘なのだから固定スペースをとるベッドは不要なのです。ところが結果は、そのハンモックに半年も寝かせるような戦争をした。水兵は本当に寝苦しかったらしい。

海軍にとって決戦兵器だった戦艦大和の最高速は二七ノットでした。これでは敵の制式空母の追撃はできない。それに対する答えの一つは、「米軍のほうから押しかけてくるのを迎撃するのだから、追撃速度は要らない」という考えです。押しかけてくる軍艦を、大和や武蔵の巨砲で荒ごなしする。それで傷つき消耗した小物を追撃して止めを刺すのは機動部隊や水雷戦隊にやらせればよい、という考えだったのです。

そういう発想ならば、そのように徹頭徹尾、米軍を誘導すべきでした。真珠湾に長駆奇襲をかける必要などありませんでした。フィリピンに手をかければアメリカ太平洋艦隊は出動してくるのだから、そうすれば想定どおりの戦いができました。

出動してきたら、まずは哨戒線に潜水艦部隊を張り巡らし、それをもって魚雷攻撃などで戦力漸減を図り、アメリカ艦隊の損耗を見計らいつつ、大和、武蔵の戦艦部隊が迎え撃つ戦場に誘い込む。さらに、そこに機動部隊が航空攻撃をかける。本土からの距離によっては基地航空隊も投入できる。長距離飛行をしなくて済むから、パイロットの負担も軽い。そうなれば、結果はともかく想定どおりの戦いはできたということになります。私は、圧勝したのではないかと思う。

付け加えると、日本は伊号潜水艦という航続距離の長い戦略的大型潜水艦をたくさん建造しましたが、運用のまずさもあって、結局、空振りに終わっています。実際に役立ったのは、呂号という小型の戦術潜水艦でした。これをもっとたくさん建造し、米機動部隊の接近が予想される海域に配置して、偵察と漸減戦を仕掛ける役目を与えればよかった。

**上島**　「日下塾」の門下として（笑）、拡散思考、優位戦思考から日本海軍敗北の教訓を導き出すとすれば、アメリカに比べて物量において劣位にあった日本海軍が決戦主義をとり、一回限りの決戦に全力を投入する以上、その前は小競り合いだから、軍艦と兵員の損耗を抑えるというのは、その限りにおいて合理的だった。

しかし、日下さんのおっしゃるごとく、艦隊決戦主義を柱に据えて全体の戦争設計をすべきなのに、それはしなかった。戦略目標が曖昧な長駆遠征を続け、ミッドウェーにもガダルカナルにも決戦兵器の戦艦大和を投入しなかった。

短期決戦主義と艦隊保全主義の矛盾を解消できなかったことが、大東亜戦争における日本海軍の行動を不徹底にし、この矛盾ゆえに優位戦を展開できる戦力行使と戦場の設定ができなかった。かりに敗れるにしても、艦隊挙げての全力投入の結果であればまだしも、常に不徹底ゆえに大勝を得られなかったのは残念至極です。全体から見れば、開戦劈頭の真珠湾攻撃ですら勝利と呼べるものだったかどうか。

## 自分が考える戦場に相手を誘導しなくてはならない

**日下**　最高戦争指導要領というものが、日露戦争の終わった頃から改定されずにありました。そこには概略「日本は長期持久戦はできない」「戦争不可避の際は短期決戦」という方針があって、武器も兵員も組織も訓練も思想も士官学校の教育も、みんなそういう考えに基づいて整えられたのです。にもかかわらず、いざ開戦したら政略とそれを行える政治指導者不在のために、長期持久戦になっていくのを誰も止められない。クラウゼウィッツのごとく徹底して戦争を政治の延長と考え、政治と軍事を合わせた構想を立てる力が指導者に欠けていました。

短期決戦を想定しているのですから、自分が考える戦場で決戦ができるように相手を誘導しなくてはいけない。にもかかわらず、有効な誘い込み、挑発ができない。敗勢に傾いてからも、米軍が来る度に押っ取り刀で応戦する、また来たから、また応戦する。実際、我が「絶対国防圏」はこうして後退を続けたわけですが、思い切って、ある時期に沖縄や台湾を決戦の場に設定し、そこまで退いて態勢を整えればよかった。アメリカ軍は必ずやってくるのですから、何もガダルカナルだ、次はニューギニアだ、フィリピンだと向こうが来る順番に応戦する必要などなかったのです。それよりは決戦のために戦力を集中しておくことが重要でした。

日本海軍は結局、決戦をしないままに潰れてしまった。敗因の第一は、上層部の戦争指導力の弱さです。そして繰り返しますが、決戦を日本に有利な場所と時機に敵に強制するべく戦争全体を設計するという思想がなかった。思想がなくては、いくら秀才を大本営に集めても、その都度の小手先の判断しかできません。

戦争設計の思想がなかったということは、連合国が言うような共同謀議ができるはずもなかったということです。日露戦争は追い詰められて戦った戦争で、こちらから敵を選んで戦ったわけではない。だから死に物狂いでやるべきことが自ずとわかっていました。陸海軍ともに「見敵必戦」が徹底していた。

ところが、その後はこちらが敵を選べるくらいの大国になり、強くなったとき、どう相手を選ぶかという政治指導者、高級軍人を育成できなかったのが残念です。真面目ではあったかもしれませんが、機略と構想力に富んだ逞しいリーダーシップを発揮できる政治と軍事の指導者を持てなかったことが大東亜戦争の惜しむべき点です。

追い詰められて開戦に踏み切ったのは事実としても、別の資質の指導者がいれば、これまで述べてきたように別の戦略、政略を考え得たと思います。

**上島** 米英とは徹底して戦わないという「非戦」も可能でした。

**日下** そうです。自由貿易による資源確保を認めないから戦うのだというのなら、アメリカを相手にするのではなく、蘭領印度（オランダ領東インド＝ほぼ今日のインドネシアの版図に当たる）に進出して、オランダと日本の妨害に来るイギリスだけを相手にする方策もありました。徹底してアメリカとは戦わない。無謀な戦争、米英に追い込まれた戦争というのが戦後の通説ですが、冷静に考えれば当時の日本には複数の選択肢がありました。

**上島** アメリカと戦わないようにするためには、アメリカの国内世論に働きかける必要がありました。先にも触れたように、ルーズベルトは「今次大戦には参戦せず」と公約して四期目の大統領に当選したのですから、チャーチルがどんなにヒトラーの脅威を説いて参戦を望んでも国内世論は無視できませんでした。だからルーズベルトは日本が真珠湾を奇襲するのを待って、「スネークアタック（卑怯な騙し打ち）」と激昂したアメリカ国民の心理を誘導し参戦したのです。

**日下** それでも大西洋憲章の矛盾を突いて、日本はアメリカ世論にこう訴えればよかった。

「アメリカはインドなどイギリスの植民地を守るために戦うのか？　血を流すのか？　アメリカこそ自由を求めてイギリスと独立戦争を戦った国ではないのか？」

こうアメリカ国民に訴えながら、日本が真珠湾を奇襲しなかったら、ルーズベルトはどうやって国民を参戦に仕向けたでしょうか。蘭領印度で日本が英蘭を相手に戦っているかぎりは、アメリカの直接的な国益に致命的な影響はありません。そして、そのまま昭和十七年末まで待てばドイツが敗勢に傾くのが見えたはずで、そうなればアメリカと戦うという選択とは違った道筋を歩めた可能性があった。

また、かりにアメリカと干戈を交えることが避けられないとしても、もっと国力充実の時間稼ぎはできました。今日では戦艦大和や戦艦武蔵は、航空戦力主流の時代に「無用の長物」をつくったとされていますが、航空戦力の海上艦艇群に対する優位性を証明したのは日本の機動部隊であって、開戦前は「大艦巨砲」は脅威と見なされていたのです。イギリスが当時新鋭戦艦のプリンス・オブ・ウェールズやレパルスがよもや日本の攻撃隊に撃沈されるとは思ってもいなかったことでも想像できます。戦前においては戦艦万能主義だったと言ってもよいのです。

## 劣位戦思考からは、わずかの選択肢しか見えてこない

**日下**　肝心なことは、敵である米英が戦艦万能主義だったということで、ならば日本としては、敵の主力艦を威圧できる大和や武蔵の存在を秘匿する必要はなかった。むしろ世界最大最強の戦艦と宣伝し、しかも二隻だけでなく三隻、四隻保有と情報を流すこともできた。それによって米英海軍の機先を制することができ、少なくとも、それぞれが想定する開戦時期に影響を与えることはできました。宣伝戦、情報戦という発想で大和、武蔵の存在を活かさなかったのは勿体なかったのです。

絞り込み思考、劣位戦思考からは、ごくわずかの選択肢しか見えてきません。しかし拡散思考、優位戦思考から見ると、日本にはさまざまな選択肢があった。そのいくつかを複合的・重層的に組み合わせて事態を打開していくことは、不可能ではなかった。問題は、そうした複数の選択肢がありながら、それを優位戦思考で捉えられなかったことなのです。

**上島**　明治の開国から日清、日露戦争、第一次大戦を経て三大海軍国、五大陸軍国になりながら、日本の指導者の多くは劣位戦思考の発想しかなく、優位戦思考に跳躍できなかか

った。

**日下**　昭和の軍隊（軍事・官僚機構）の問題は今日の組織論にも通じます。国家としての制度が整うにつれて旧制中学から陸軍大学校、海軍大学校までのエリート養成コースが敷かれ、それ以外の脇道からは入れない、登用されることがないという硬直性と横並び意識が確立されていった。

当然ながらエリートのなかにも能力差はあります。しかしもう上り詰めたのだから、そこでさらに競争はしたくないという馴れ合い、庇い合いが常態化すると、その組織は活力を失って衰弱、やがて壊死《えし》する。海軍のハンモックナンバー、陸軍の大学校卒業年次などの年功序列が人間関係を規定する唯一の尺度になってしまう。

**上島**　南雲忠一を第一航空艦隊司令長官に就けたのは、当時の海軍大臣吉田善吾と連合艦隊司令長官山本五十六でしたが、実はその候補には小沢治三郎の名も挙がっていました。

**日下**　しかし、小沢は海軍兵学校三七期で南雲の一期下でした。海軍省のなかには小沢司令長官、参謀長に山口多聞という案もありましたが、「南雲のほうが、海兵の期が上だから」という山本五十六の一言、年功序列によって小沢・山口コンビの可能性は消えたのです。

**上島**　年功序列は組織の安定をもたらしますが、真に適材適所が求められる非常時ではマイナスに働くことが多い。

**日下**　年功序列は、同期の庇い合いにつながりがちです。先にも述べたようにミッドウェー海戦敗北における南雲と草鹿龍之介参謀長の責任を山本は追及せず、復仇の機会を与えるとして昭和十七年七月、空母機動部隊として再編制された第三艦隊の長官と参謀長にそれぞれ南雲と草鹿を就任させるよう取り計らいました。しかしこのとき、南雲と草鹿以外の幕僚はすべて降ろされ、ミッドウェー敗戦については緘口《かんこう》令が敷かれ、士官も転出させられています。山本はどれほど真剣に「勝つための組織」を考えていたのか。

こうした発想では、きわめて官僚的な論理でしか組織は動かなくなります。この時代の幹部たちには、幕末維新の頃の指導者が共有していた〝白刃の下〟の経験ももはやありません。気概も覚悟も不足した人間が指導的立場に就けば、能力による適材適所という柔軟性も失われます。せっかくエリートを育てても、それはペーパー試験の優秀さを競う参謀教育でしかなく、真のリーダーシップの養成にはならない。こうした指導者の問題が陸海を問わず大東亜戦争の帰趨を左右したのです。

そして、こうして生まれた秀才は一定の手順に沿った課題はソツなくこなしますが、未知の事態には対応できない。その未知というのは、日露戦争以後に我が国が到達した国力に見合う優位戦思考で、劣位から優位になったときにどうすべきかの学習と経験が不足していました。秀才には学習が必要です（笑）。

日本が不幸だったのは、学習しなくとも対応できる直感力や「暗黙知」を持った人間を見出し、登用することに意を注がなかったことです。

明治国家には日本にとって青春時代の若々しさ、柔軟性があった。それゆえに果敢に白人列強相手の劣位戦に飛び込んでいけたのだが、それに勝利し、国家としての体制が整うと、出来上がった秩序や価値観を墨守することに安住してしまった。多様な人材を平準化するようになってしまった。

## 日本文化を創造してきた「暗黙知」

**上島**　「暗黙知」というのは、日本人の可能性のカギですね。

**日下**　日本は西欧と出逢って近代化せざるを得ませんでしたが、それ以前の日本を捨てたわけではない。捨てる気もありませんでした。日本は東アジアの辺境にあって何でも蓄積する文化を築いたのです。仏教でもマルクス経済学でも重要文献は、みな日本にある。われわれは蓄積し、考え、発酵させることで日本文化を創造してきました。よく準備された脳に訪れる発想、直感が「ひらめき」や「暗黙知」です。

この暗黙知があったからこそ、日本人は近代の精神をただちに理解し、ほどほどに採用し実行できたのです。

**上島** 「夷を以て夷を制す」は、そういうことだった。白人列強の植民地にされないように「富国強兵」「殖産振興」に努めはしても、近代合理主義に染まり切る気はなかった。

**日下** ええ。それにかぶれたのは主に知識人と官僚です。国を支えた土壌には、古代から中世の価値である神道や儒教、道教や仏教の教えが厳然と生きていた。外来の文物も自らに包摂し、日本化していった。これが「暗黙知」の土台で、近代の価値観よりもそちらを大切にしようというのは庶民にとっては自明だったのです。

この「暗黙知」から、だいぶ前に挙げた「目的や命令に対する原則と例外の間の機微」という問題にわかりやすく答えるとすると、インパール作戦の現場指揮官の一人だった宮崎繁三郎少将の決断を思い出します。

最も悲惨な敗走を強いられた昭和十九年のインパール作戦の指揮に当たって宮崎少将は苦悩しました。優勢な敵、広がる伝染病、極度の餓え……。この作戦がいかに無謀だったかは、のちに日本軍の進路を「白骨街道」の異名で呼んだことでも明らかで、この責めを東條英樹首相に負わせるべきか、牟田口廉也中将（第一五軍司令官）に持っていくべきかは論議のあるところですが、いずれにせよ従来の作戦では必敗なので、規則違反であれ何であれ、最大の戦力を発揮するために必要なことは思い切ってやろうと宮崎少将は考えたのです。

彼は部下を集めて能力別編制をすることを告げます。小銃の得意な者は小銃を持ち、手榴弾投擲に長けた者は手榴弾を所持し、機関銃の巧みな者は機関銃を担当させることにした。したがって兵の中に射撃の上手な者がいれば、他の負担を軽減して実弾射撃の訓練をやらせ、射撃は下手だが体力に自信のある者は担ぎ屋になることを命じました。すると兵隊の側からすれば、自分の個人的特長が認められたので戦闘意欲が増したのです。

しかし、このように小銃専門兵や手榴弾専門の兵や分隊をつくることは明らかに規則違反でした。陸軍の最小戦闘単位は分隊ですが、分隊長の下には機関銃手が一名、小型の迫撃砲である擲弾筒《てきだんとう》手が一名、手榴弾は全員が数個ずつ所持という具合に、どの分隊も金太郎飴的な編制が決められていたからです。日露戦争や支那事変のようなタイプの戦争では、どの〝細胞〟も同じ形をしているやり方でよかったかもしれませんが、インパール作戦では、宮崎少将は現場を任せられた指揮官としてそれでは到底勝てないと判断し、規則を破って能力別編制を実行したのです。

結果は、宮崎少将麾下の将兵は終始善戦敢闘し、宮崎部隊のコヒマでの勇戦はいまだに語り継がれるものとなりました。本来軍隊は規則第一です。それを宮崎少将はあえて破った。この戦場で活路を見出すには兵隊の個性を最大限活用する部隊編制にするしかない。規則違反を承知でこう決断し、実行したところに宮崎少将の「名将」に値する第一の条件があったと思います。

**上島** この規則違反は、宮崎少将の保身や私欲に発したものではない。部下たちの命を粗末にせず、かつ日本国家のために最も有効な戦い方は何かを考え抜いた結果ですね。「尽忠報国」といっても、すぐ玉砕を命じて突入することではない。

## 暗黙知を持った指導者たちが日本を救ってきた

**日下** 宮崎少将と同じような例を最近の日本人に探せば、東日本大震災のときに福島第一原発事故の収束に命懸けで当たった吉田昌郎所長がいます。

原子炉一号機の危機的状況が続くなか、吉田氏は冷却のために海水の注入を続けていました。当時の菅直人首相はなまじっかな知識をもってそれに不安を感じ、事実上東京電力に海水注入をやめるように命じた格好になりました。

**上島** 菅氏はあとで、「海水注入をやめるような指示はしていない」と否定しましたが、当時の状況を仔細に見ると彼の態度には大いに問題がありました。

**日下**　結果的に、吉田氏は「自分の責任で続けるしかない」と考え、作業責任者にテレビ会議のマイクに入らないような小声で、「これから海水注入中断を指示するが、絶対に止めるな」と話し、大声で注入中断を指示しながら、実は注水を続けた。原子力の専門家から見れば、このとき不純物の少ない真水のほうが再臨界の可能性があり、菅氏の〝指示〟にあえて従わず海水注入を続行した吉田所長の決断は奇跡的なものでした。

吉田所長は、事故の過酷さからして本当に死を考えたでしょう。そうした重大な危機に際し、覚悟を持って、自分の頭で考え、自分の責任において総理の指示に従わないという決断を下し、危機を乗り切った。東京電力という巨大組織のなかで、こうした暗黙知を持った現場責任者がいてくれたことは日本にとって救いでした。

**上島**　大東亜戦争でも、本当に戦ったのはこうした暗黙知を持った人々だったのでしょう。彼らには守るべきもの、大切にすべきものが無意識のなかにもはっきりしていた。それを言葉で探すとすれば、たとえば特攻隊員の遺書にあるような家族、故郷、同胞への強い思いです。

**日下**　「天皇陛下万歳」と叫んでも、内面にあったのは家族愛や郷土愛で、それを守るために戦ったのです。だからいま生きている私たちは戦後の東京裁判で押しつけられた、ただ日本のみが国際の平和と安寧の秩序を乱したという〝勝者の歴史観〟に唯々諾々と従ってはいけない。私たちの日本には守るべきものがあり、戦わざるを得ない主張があった。

**上島**　日本人にとっての大東亜戦争とは何であったか。後世がそれを言葉と行動で確認するならば、「大東亜宣言」に行き着きます。

第二次近衛内閣が唱えた「大東亜新秩序の建設」という方針を「大東亜共栄圏の確立」という戦時スローガンに置き換えたのは松岡洋右でした。「大東亜共栄圏」は、欧米の植民地勢力をアジアから駆逐してアジアを解放し、共に栄えてゆこう」ということでわかりやすく、急速に国民の間に浸透していきました。

**日下**　大東亜戦争に公明正大な理念を置こうと努めたのは重光葵でした。重光は、チャーチルとルーズベルトが署名した「大西洋憲章」の欺瞞、「領土不拡大」「通商・資源の均等開放」と並んで「民族自決の原則」を謳いながら、インドやビルマは例外であるとしたその「利己と矛盾」を衝いて大東亜戦争に「アジア解放」の理念を明瞭に掲げようとした。

昭和十八年四月末、駐華大使から外相に就任した重光はこう訴えています。

「大戦争を闘う日本には、戦う目的について堂々たる主張がなければならぬ。自存自衛のために戦うというのは、戦う気分の問題で主張の問題ではない。東亜の解放、アジア復興が即ち日本の主張であり、戦争目的である。公明正大なる戦争目的が国民によって明瞭に意識し理解せられることによって、戦争は初めて有意義となり、戦意は高揚する。またもし、戦争の目的さえ達成せられるならば、何時にても平和恢復の用意があるわけであるから、戦争目的の高調及び限定は平和恢復の基礎工作となる」（重光葵『昭和の動乱』）

**上島**　この重光構想に共感した東條英機は昭和天皇の後押しも受けて遅まきながら共栄圏外交を展開し、昭和十八年八月一日にビルマを、十月十四日にフィリピンを独立承認して同盟条約を結び、同二十三日に自由インド仮政府を承認、三十日に汪兆銘政権と同盟条約を結ぶという大急ぎの外交作業となりましたが、同年十一月五日、六日の大東亜会議に結実しました。

参加したのは東條首相のほか張景恵（満州国国務院総理）、汪兆銘（中華民国「南京国民政府」行政院院長）、ワンワイタヤコーン殿下（タイ王国首相代理）、ホセ・パシアノ・ラウレル（フィリピン第二共和国大統領）、バー・モウ（ビルマ共和国国家主席）、チャンドラ・ボース（自由インド仮政府首班）の六首脳です。

そこで発せられた大東亜共同宣言の骨子は、「共存共栄」「互助敦睦」「伝統尊重」「経済発展」「人種差別の撤廃」でした。

**日下**　今の外交当局者は重光さんの爪の垢を煎じて呑むべきです。結果的に日本が敗れたことで、戦後は大東亜会議の評価も「アジアの傀儡を集めた茶番劇」として黙殺されました。しかし「暗黙知」のある日本人ならば、それは戦勝国の正義に合致しない事実を封じ込めようとする彼らの悔しさの現れと見抜かなければいけない。

東條英機は「昭和十七年の一年間を空費した」と回顧しましたが、まさにそのとおりで、十七年の初めに大東亜宣言が出されていたら、「自存自衛」と並んで「アジア解放」「白人支配の打倒」という戦争目的が陸海軍に徹底され、そうした目的で軍事力が統一的に発揮されたら、その線で陸海軍の足並みが揃った可能性がある。これは「やむにやまれぬ生存のための戦争」から、「理念的な目的のはっきりした戦争」となって、政治と軍事の関係がクラウゼウィッツの言ったごとくに好転したかもしれなかった。

**上島**　重光は、ギリギリ日本の勝利を「理念」というかたちで果たそうと構想したように思います。彼は、「戦争目的の高調及び限定は、平和恢復の基礎工作」と述べたあとにこう続けているのです。

「且つ、かような戦争に乗り出した以上中途半端で如何することも出来ぬ。犠牲に犠牲を生んで行くことは止むを得ぬ。ただ人としても、国家としても、自ら至善なる本体を見出すことは、大なる力であって且つ神聖なる仕事である。これによってこそ、たとえ戦争の結果は如何であっても、国として人として将来が立派に見出されるのである」（『昭和の動乱』）

重光はもともと「日本自身の破綻になることが余りに明瞭である戦争への突入を、最後の場面においても阻止する努力をしなければならぬ」と考え行動した外交官です。しかし、戦うことに決した以上、今度は「堂々たる主張がなければならぬ」と覚悟を固め、さらには、この戦いに敗れた場合、日本の戦争には「アジアの解放と独立」という歴史的意味のあったことを戦勝国の掲げる正義に対置する必要があると考えた。これはこれでぎりぎり一つの戦争設計で、日本の名誉のための布石だったと思います。

## 二十世紀のパワーゲームの主役は「日本」だった

**日下**　日清戦争の勝利によって東アジアでの地歩を築いた日本は、その後、日露戦争にも勝って世界の大国の仲間入りをしました。第一次大戦を経て、「人種平等」を初めて世界に訴えた国となった。

世界史的な視野で二十世紀の百年を振り返れば、そのパワーゲームの主役は日本でした。中国も、ロシアも、イギリスも、日本と戦ったことで衰運に傾きました。ロシアは日露戦争に敗れて帝国を失い、ソ連となって第二次大戦では勝者の側にいても、「中立条約違反」と「侵略による領土獲得」という道徳的敗北を喫しました。その後、同盟国として日本が支えたアメリカとの経済戦争でも敗れ、ソ連という国家は自壊した。

中国も、清という国は日清戦争で潰れ、中華民国という蔣介石の国も毛沢東の共産党に敗れて台湾に逃れざるを得なかった。イギリスも日本を敵に回したことで全アジアの植民地を失い、英連邦は残っているとはいえ往年の大英帝国ではない。

第二次大戦とその後の冷戦に勝利したのはアメリカですが、彼らは人類初の「原爆使用」という道徳的な疵《きず》を負いました。彼らの本音は、「日本相手の暴挙は構わない」ということだったでしょう。

これは大東亜戦争までの日本の歩みは、両大国が有色人種蔑視の正体を見せざるを得ないくらいに善戦敢闘したということです。

不滅と思われた白人の世界支配というパラダイムを日本が打ち破った事実を矮小化するために、彼らは東京裁判によって日本に野蛮な侵略国家という烙印を押し、いまもそれを言い続けている。丹念に歴史をたどったうえで、それをラフに描いて見せるとこうなる。

**上島**　アメリカには東京をはじめとする日本の各都市を無差別に空爆して数多の一般市民を殺害した罪、ソ連には、ポツダム宣言受諾によって投降した五〇万を超える日本軍兵士をシベリアや中央アジアで強制労働に従事させ、これまた数多の死者を出した罪があります。戦争における勝者は、その勝利ゆえに違法行為や非道な振る舞いに対する咎めは阻却されるのか。

敗戦二日後、出光興産店主の出光佐三は、「焦土となった国を今一度立て直す」と決意し、社員たちにこう演説しました。

「一、愚痴をやめよ。

二、世界無比の三千年の歴史を見直せ。

三、そして今から建設にかかれ。

愚痴は泣き声である。亡国の声である。婦女子の言であり、断じて　男子のとらざるところである。ただ昨日までの敵の長所を研究し、とり入れ、己れの短所を猛省し、すべてをしっかりと肝の中にたたみこんで、大国民の態度を失うな。

三千年の歴史を見直して、その偉大なる積極的国民性と、広大無限の包容力と、恐るべき咀嚼力とを強く信じ、安心して悠容迫らず、堂々として再建設に進まねばならぬ」（『出光五十年史』）

なお、この演説にはこんな前段があるのです。

「十五日正午、おそれ多くも、玉音を拝し、御詔勅を賜わり、涙のとどまるを知らず、言い表わすべき適当な言葉を持ち合わせませぬ。

万事は御詔勅に尽きている。陛下は限りなき御仁慈を垂れたまいて、悪魔の毒手から赤子を救わせたもうたのである。（略）

戦争は消えたのであって、勝負は決していない」（同）

明治十八年生まれの佐三にとって、大東亜戦争の意味は十分にわかっていたでしょう。戦争を望みはしなかったが、祖国が戦うと決意した以上、戦いの三年八カ月を「出光」の全力を挙げて戦争完遂に協力した。徴用令に応じて蘭印地区に社員を送り出し、彼らは国のため、店主のため挺身しました。

引き揚げてきた店員の一人は、佐三にこう報告したそうです。

「残念ながら日本軍は敗れましたが、私たちは店主に命じられた任務を達して帰ってまいりました」

**日下**　素晴らしいね。

**上島**　活動拠点の多くを海外に置いていた出光にとって日本の敗戦は自らの資産を失うことを意味しましたが、会社自体の存続が困難な状況下、佐三の信念は不動でした。

「戦争は消えたのであって、勝負は決していない」

日米戦争の歴史的意味を解し、同時にこの烈々たる気概の持ち主が率いた会社であればこそ、昭和二十八年、油田を国有化したためにイギリスなどの怒りを買って海上封鎖されたイランのアバダンに日章丸二世を極秘裏に送って、ガソリンと軽油を満載して日本に無事寄港してのけるという、敗戦国の一民間企業が英米の巨大石油資本に挑んで出し抜いた快挙「日章丸事件」があったと言えます。

**日下**　そうですね。出光佐三も暗黙知の人だ。

## 物理的な戦争の勝敗を超えた日本の勝利

**上島**　安倍総理による戦後七十年談話が出された後、私はフィリピンのマバラカットにある旧日本軍の東西飛行場跡を訪れました。念願でした。

東西どちらにもＫＡＭＩＫＡＺＥを顕彰する碑が建っています。その内、一九七四年に東飛行場跡に「第二次世界大戦に於いて日本神風特別攻撃隊が最初に飛び立った飛行場」との銘を刻んで建ててくれたのはフィリピン人のダニエル・Ｈ・ディソン氏です。

どちらの碑にも日本とフィリピンの国旗が掲示され、東飛行場跡には参道前に鳥居があり広場中央にカミカゼ飛行士像が立っています。その像を見上げ、跪いて合掌したとき、思わず、涙がこぼれ出ました。誰かに、何かに抱きしめられている気がしたのです。

昭和二十年八月十六日、大西瀧治郎が官舎の一室で自決しました。

「特攻隊の英霊に申す」という遺書の一文、

「善く戦ひたり深謝す。最後の勝利を信じつつ肉弾として散華せり。然れ共、其の信念は遂に達成し得ざるに至れり」

を思い出し、私は心のなかで「大西さん、信念は達せられたんじゃないですか」とつぶやきました。

関大尉はじめ特攻隊は、数値化、計量化、可視化できないものを私たちに残してくれた。

ディソン氏はこう語っています。

「長い間フィリピンを植民地としてきたスペインやアメリカに比べれば、日本のフィリピン支配はほとんどないに等しいものでした。

日本は、そのたった四年の間にカミカゼ精神をもたらしてくれました。それは、フィリピンにとって最良のものでした。

それは、忠誠心であり、規律であり、愛国心でした。それが、フィリピンが戦争の時代に日本から学ぶべき良い点なのです。

カミカゼはアジアの人間であり、アジアの英雄でした」(『フィリピン少年が見たカミカゼ』）

ディソン氏のこの言葉を日本人が顧みなくなったとき「信念は遂に達成し得ざる」、たしかにそんな日本に堕するのだと思います。

**日下**　大東亜戦争には数々の過誤、失敗がありました。

ここであの戦争の目的という問題に返ると、その答えは、坂井三郎さんが「何の後悔もしてない」と語った日本の掲げた理念を、世界が認めざるを得ない時代の到来をもたらしたということになります。これは物理的な戦争の勝敗を超えた日本の勝利です。戦勝国が何と言おうとも、人種差別が公然とできなくなった新しい世界をもたらし、その引き金を引いたのは、この世界にあって日本という国なのです。

こうした歴史をどうやって今後の日本の力に結びつけてゆくか。「日本人はこうやってきた。それが日本人の心です」と言ったとき、それを理解し、共感してくれる国と人々を援けてゆけばよい。

「未来は過去からやってくる」

これは長年、私が繰り返してきた持論です。

# あとがき

月刊誌『正論』および『別冊　正論』の名編集長として活躍された上島嘉郎氏と、同じくPHP研究所・学芸出版部の名編集長である白石泰稔氏が、小生の「優位戦思考」についての本をつくろうと提案された。

たいへん光栄に思ってお相手をすると、こんな本ができた。しかし、これで多くの日本人が優位戦を理解して実行してくれるようになるかどうかはわからない。

これだけ日本式の下手《したて》から始める劣位戦外交が失敗を重ね、世界にはそれに付け込む悪い勢力が増えてきたというのに、日本はまだ目が覚めていない。

無理もない。明治の開国以来、日本は欧米に追いつけ追いこせで、ひたすら古い日本を否定し、謙虚に学び、多額の謝礼を払ったうえに自分の工夫を加えてのことだが、とにもかくにも今日の成功を得た。成功すると、謙虚な日本人は欧米的な優位戦思考に、むしろ感謝した。

感謝は、早い吸収と進歩の母である。したがって日本は、あとに続く国々も日本的感謝の心を学んでくれるものと期待したが、なかなかそうはならなかった。

早い話、日本の学校には、日本人であれ外国人であれ、創立者の銅像が建っているが、外国で日本人を恩師と仰ぐ銅像は見たことがない。日本人は親切なので、身を粉にして後進国のために教えたが、それを先方が銅像や記念碑にすることは滅多にない（だから日本には追いつけない）。

日本人のアイデアを盗む国はあるが、日本人の謙虚さまでマネする国はない。反対に、日本の非を宣伝する国ならある。「いずれ、わかるさ」と見逃していると、そちらのプロパガンダのほうがホントになることもある。上品な国が下品な国に負けるとは、日本人の常識とは反対だが、世界はそれほど下品なのである。

だが、このところ、そのような日本が少しずつでも反撃するようになると、世界は少しずつ変わり始めた。

日本の上品な心を理解する国が出始めたが、その第一波はビジネスの世界である。ビジネスの世界では、日本は教える立場で日本語がどんどん普及しているので、それがわかる。それは自然に進行している。

昔、アメリカの小噺《こばなし》で、こんなのがあった。

〈メリーちゃんとマーガレットちゃんは大の仲良しでした。あるとき、「オヤツの時間ですよ」と呼ばれて二人が行ってみると、テーブルにはケーキが一つしか載っていませんでした。メリーちゃんは「アーン、可哀相だぁ。マーガレットちゃんの分がない」と泣き出しました〉

この話には「先んずれば人を制す」という題がついていたので、アメリカでもこれはジョークになっているらしいと安心したが、TPPでも何でも、日米交渉にはこんな話がたくさんあった。

第二波は、安倍首相の地球儀外交である。首相が五〇カ国を回って直接話すと日本の上品さがだんだんと通るようになり、政治・外交の世界も少し変わった。

セオドア・ルーズベルト大統領は「外交は、棍棒を片手に猫撫で声で話すものだ」と言ったが、〝棍棒〟はなくても安倍首相の外交が通るようになってきた。気がつけば日本には、戦後七十年間の平和外交の実績という〝棍棒〟が、すでに膝の上にあったのである。それを日本に使わせないように、外国は「歴史認識」「謝罪」「東京裁判」「軍国主義」「日中親善」などの主張を声高に繰り返していたが、安倍首相はアメリカ議会でのスピーチと安倍談話で見事に覆した。やればできるのである（外務省は〝害務省〟だから閉館して、これからは官邸が外交をやればいい。そのほうが、うんと経費節減になる）。

故・塩川正十郎氏が「海外援助は、国内政治が乱れている国には減額します」と言ったら、たちまち三〇〇〇億円ほどカットになったことがある。劣位戦をやめるだけで三〇〇〇億円だから、優位戦にすれば国民はさらに三〇〇〇億円ほど助かることと思う。

世界は、日本が正道に立ち返って敗戦国外交のバラマキをやめることを期待するように変化している。下品で腹黒い政権を助けることは国際親善どころか、相手国と日本自身を下品にする。

昔、サッチャー首相は来日したとき、「日本人はどうして、国連とオリンピックとノーベル賞をありがたがるのか」と言ったが、今般のイギリスによる習近平歓迎の宴を見ると、「イギリスはそんなに、中国がつくる国際金融機関の下請けになりたいのか、手数料収入が欲しいのか」と思う。中国もイギリスも、働かずに利益を得ることばかり考えてきたのだろう。

世界は、どんどん変わっている。日本は世界最大の投資国だから、世界の下品化についても責任がある。相手国の要請にしたがってバラまくＯＤＡはやめて「世界上品化基金」とし、日本が考える上品と下品の具体例を発表すれば、それだけでも世界は上品化に向かって変化を始める。そして、「世界を導く日本」が誕生する。

それが、日本が展開する優位戦で、七十年間、ひたすら働いて世界最大の貯金があり、最低の利息で貸し出せるようになった日本に、「世界の上品化」に関する思想もビジョンもないとしたら、それは世界の悲劇である。日本がその心を世界に示せば、三百年続いた世界の帝国主義時代は終わる。

日下公人

平成二十七年十一月二日

〈著者略歴〉

**日下公人**（くさか　きみんど）

評論家。日本財団特別顧問。三谷産業株式会社監査役。日本ラッド株式会社監査役。多摩大学名誉教授。1930年、兵庫県生まれ。東京大学経済学部卒業。日本長期信用銀行取締役、ソフト化経済センター理事長、東京財団会長などを歴任。ソフト化・サービス化の時代をいち早く先見し、日本経済の名ナビゲーターとして活躍する。著書に『いよいよ、日本の時代がやって来た！』『日本の将来はじつに明るい！（共著）』（以上、ワック）、『日本人がつくる世界史（共著）』（KADOKAWA）、『「新しい日本人」が創る2015年以後』（祥伝社）、『優位戦思考で世界に勝つ』（PHP研究所）など多数がある。

**上島嘉郎**（かみじま　よしろう）

ジャーナリスト。1958年、長野県生まれ。愛媛県立松山南高等学校卒業。フリーランスを経て、91年に産経新聞社入社。サンケイスポーツ編集局整理部を経て95年に退社。『月刊日本』創刊編集長を務める。98年、産経新聞社に復帰。以後、雑誌『正論』編集部、2005年に『別冊　正論』編集長、06年11月に『月刊　正論』編集長に就任。10年９月まで月刊と別冊の編集長を兼任（総括編集長）。同年10月より雑誌『正論』編集委員兼別冊編集長。14年７月、産経新聞社を退社。編者として『日本の正論』（01年、産経新聞社）、『恐れず　おもねらず』（03年、同）、『石原愼太郎の思想と行為（全８巻）』（12年、産経新聞出版）を担当。

優位戦思考に学ぶ
# 大東亜戦争「失敗の本質」

2015年12月8日　第1版第1刷発行

| | |
|---|---|
| 著　者 | 日下公人<br>上島嘉郎 |
| 発行者 | 小林成彦 |
| 発行所 | 株式会社PHP研究所 |
| 東京本部 | 〒135-8137　江東区豊洲5-6-52 |
| | 学芸出版部　☎03-3520-9618（編集） |
| | 普及一部　☎03-3520-9630（販売） |
| 京都本部 | 〒601-8411　京都市南区西九条北ノ内町11 |
| PHP INTERFACE | http://www.php.co.jp/ |
| 制作協力<br>組　版 | 有限会社メディアネット |
| 印刷所 | 大日本印刷株式会社 |
| 製本所 | 株式会社大進堂 |


 ISBN978-4-569-82726-1

PHPの本

安倍晋三のことがわからなすぎて

# 安倍さんとホンネで話した700時間

青山和弘 著

日本国憲法を、どうしたいの？　アベノミクスは、これからも大丈夫？　どうして、そんなに強気なの？　政治記者が首相の胸の内に迫る。

定価　本体九二五円（税別）

PHPの本

# ひと目でわかる「GHQの日本人洗脳計画」の真実

水間政憲 著

いまの沖縄だけでなく、占領下の日本も「閉された言語空間」だった！「日本人洗脳計画」の実態を明らかにするビジュアル解説本。

定価 本体一、五〇〇円（税別）

PHPの本

# 日本人が知らない世界の「お金」の流れ

渡邉哲也 著

「上海株乱高下」「ギリシャ・ショック」で、なぜ日本の株価が下落？　いま景気がいいのは、どこの国の誰？　人気経済評論家が平易に解説。

定価　本体九二五円（税別）

PHPの本

# 歴史の十字路に立って

戦後七十年の回顧

石原慎太郎 著

作家、政治家として、〝時代の交差点〟に立ち続けてきた著者に、戦後70年の日本はどう映っているか。次世代の日本人へのメッセージ。

定価 本体一、六〇〇円（税別）

PHPの本

# 優位戦思考で世界に勝つ

日下公人 著

劣位戦思考では国家もビジネスも未来がない。あらゆる交渉にかかわるリーダー、プレイヤーにとって有効な「優位戦思考」について論及。

定価 本体一、五〇〇円（税別）